J. Scherpf

Die Kanalisirung der Stadt Würzburg

J. Scherpf

Die Kanalisirung der Stadt Würzburg

ISBN/EAN: 9783744623360

Hergestellt in Europa, USA, Kanada, Australien, Japan

Cover: Foto ©Suzi / pixelio.de

Weitere Bücher finden Sie auf **www.hansebooks.com**

Die Kanalisirung

der

Stadt Würzburg.

Von

Stadtbaurath J. Scherpf

zu Würzburg.

Würzburg.
Druck und Verlag der Stahel'schen Buch- und Kunsthandlung.
1867.

Die Kanalisirung der Stadt Würzburg.

§ 1. Einleitung.

Die Beseitigung und Verwendung der in den Städten sich ansammelnden flüssigen und festen Abfallstoffe hat namentlich in der neueren Zeit zu vielfachen theoretischen Untersuchungen und öffentlichen Unternehmungen der verschiedensten Art Anlaß gegeben. Darin ist man übrigens allgemein einverstanden, daß sowohl die Regen- und Küchenwässer, als der verschiedene sonstige Unrath im Interesse der Gesundheit und Reinlichkeit aus der Nähe der menschlichen Wohnungen weggeschafft werden müssen, und daß diese Beseitigung um so dringender wird, je größer die Zahl der auf einem kleinen Raum zusammenlebenden und wirthschaftenden Menschen ist. Die Sache hätte auch in der Theorie wenigstens keine so große Schwierigkeit, wenn lediglich der Gesichtspunkt der Reinlichkeit und Gesundheit als maßgebend zu gelten hätte; allein seit der Liebig'schen Theorie von der Bodenerschöpfung und der Verwendung des Kloakeninhaltes als Dungmittel tritt in dieser Sache ein neues Moment auf; die Befürchtung, daß der Grund und Boden eines Tages die zur landwirthschaftlichen Produktion erforderlichen Stoffe entbehren werde, wenn demselben die Abfallstoffe der Städte nicht wieder zurückgegeben würden, übt nämlich den Einfluß, daß man kein Projekt über die Stadtreinigung mehr aufstellen kann, ohne die landwirthschaftlichen Interessen wenigstens ins Auge zu fassen. Früher war man vollkommen zufrieden, wenn man so glücklich war, den ganzen Kloakeninhalt und was dazu gehört, in einen Fluß ableiten zu können; heute entsteht aber sofort über diesen Punkt Streit, da vielleicht der Arzt mit dieser Beseitigung von Stoffen, welche durch ihre Verwesung die Luft verpesten, das Wasser verderben und den Keim ansteckender Krankheiten in alle Wohnungen tragen können, vollständig einverstanden ist, während der Landwirth in derselben den Verlust des herrlichsten Dunges beklagt, und der Volkswirth über unverantwortliche Abschwendung des Nationalvermögens Beschwerde führt.

Wir wollen uns hier nicht über die verschiedenen Systeme der Stadtreinigung aussprechen, sondern uns nur darauf beschränken, offen zu erklären, daß uns die Interessen der Gesundheit in erster Linie als maßgebend erscheinen; was hilft uns die Düngung der Felder der Zukunft, und die Ernährung unserer Urenkel, wenn in Folge gesundheitsschädlicher Einflüsse die lebende Generation Schaden leidet, oder die nächste von einer ansteckenden Krankheit hinweggerafft wird. Lassen sich die Anforderungen der Gesundheitspflege mit den Anforderungen der Landwirthschaft vereinigen, so soll dies geschehen, wenn nicht, so muß die Landwirthschaft weichen.

Uebrigens wird man uns auch zugeben, daß in Dingen, die praktisch ausgeführt werden sollen, die thatsächlich gegebenen Verhältnisse auf die Entscheidung der Sache regelmäßig einen größeren Einfluß üben, als wissenschaftliche Axiome; wissenschaftliche Prinzipien mögen logisch zwingen, die Verhältnisse zwingen faktisch; so kann das beste System an dem theoretisch ganz untergeordneten Punkt scheitern, daß man das Geld zu seiner Durchführung nicht hat, oder nicht aufwenden will.

Unser nachfolgendes Gutachten über die zweckmäßigste Art der Beseitigung der Abfallstoffe aus der Stadt Würzburg wollen stets von dem Gesichtspunkt aus betrachtet und beurtheilt werden, daß es sich für uns nicht um eine theoretische, sondern um eine praktische Frage handelt, und daß wir beßhalb den Gedanken, wie die Sache nach den gegebenen örtlichen Verhältnissen in Ausführung gebracht werden könne, nie außer Auge gelassen haben.

Würzburg besitzt bereits ein ausgedehntes Kanalsystem; in Nachfolgendem soll eine genaue Beschreibung desselben gegeben, es sollen seine Mißstände klar gelegt und jene Verbesserungen bezeichnet werden, welchen dasselbe zu unterstellen ist, um den Anforderungen der öffentlichen Gesundheitspflege und der Technik bestmöglichst zu entsprechen.

I. Abschnitt.

Beschreibung des städtischen Kanalsystems in seiner jetzigen Ausdehnung.

~~~~

§ 2. Größe und Lage der Stadt Würzburg mit Angabe ihrer Boden- und Wasserverhältnisse.

Die Stadt Würzburg, soweit dieselbe von den Festungswerken umgeben ist, hat einen Flächenraum von 681 Tagwerken und 406 Dezimalen. Hievon kommen 63 Tagwerke 117 Dezimalen auf den Mainfluß und die Stadtbäche und 70 Tagwerke 362 Dezimalen auf Straßen und öffentliche Plätze.

Auf der 547 Tagwerk und 927 Dezimalen großen restirenden Fläche befinden sich 2056 Hauptgebäude, welche nach der letzten Volkszählung von 29489 Menschen bewohnt werden. Das kasernirte königliche Militair ist in dieser Zahl nicht inbegriffen, da dasselbe in Gebäuden wohnt, welche mit der städtischen Kanalisirung nicht in Verbindung stehen.

Der Main durchschneidet in einer Länge von circa 4200 Fuß die Stadt in solcher Weise, daß bezüglich der Kanalfrage jeder der zwei Stadttheile als selbstständiges Ganzes betrachtet werden muß.

Der Stadttheil auf dem rechten Ufer zählt 1785 Hauptgebäude mit 26126 Civilbewohnern, der auf dem linken Ufer 271 Hauptgebäude mit 3343 Civilbewohnern.

Die Straßen auf der rechten Mainseite umfassen 59 Tagwerke und 592 Dezimalen, die auf der linken 6 Tagwerke und 213 Dezimalen.

Zur Bestimmung der Höhenlage des Stadt=Terrains wurden sämmtliche Straßen abnivellirt, und zu diesem Zwecke Fixpunkte aufgestellt, die in Anlage I. verzeichnet sind.

Das Nivellement hat als Horizont den Nullpunkt des Maines am Pegel vor dem Krahnenthor*).

Diesseits des Maines ist der höchste Punkt am Rennwegerthore mit 61,675 Fuß über Null=Pegel, der niedrigste liegt unter der Brücke vor der alten Stadtwaage mit 9,5 Fuß über Nullpegel. Jenseits des Maines ist der höchste Punkt mit 70,705 über Nullpegel vor dem Zellerthore, der niedrigste mit 11,315 Fuß über Nullpegel in der Fischergasse.

Der höchste Punkt diesseits des Maines liegt in gerader Linie 3280 Fuß, der jenseits des Maines 1100 Fuß vom Maine entfernt; es besteht sohin für den Stadttheil diesseits des Maines ein relatives Gefäll von circa 2, für den jenseits des Maines ein solches von beiläufig 7 Prozent.

Um eine bildliche Darstellung zu geben, wurden alle jene Punkte, welche 10, 20, 30, 40, 50, 60 Fuß über dem Nullpunkte des Maines liegen, in Linien zusammengezogen, diese mit besonderen Farben kenntlich gemacht und auf diese Weise das Stadt=Areal in Relief dargestellt, wie in dem Stadtplane Anlage I. zu ersehen ist.

Hiernach ist das Mainviertel auf einen östlich gelegenen Bergabhang gebaut; die Stadt diesseits des Maines liegt an einem flach anlaufenden Bergrücken mit nördlicher und westlicher Abdachung.

Die nördliche Abdachung bildet das Bachgebiet der Pleichach und Kürnach. Erstere tritt in einer Höhe von 34,19 Fuß über Nullpegel in die Stadt, und treibt auf einer Länge von 3710 Fuß fünf Triebwerke; letztere kommt in einer Höhe von 44,68 Fuß zur Stadt und treibt auf einer Länge von 5800 Fuß vier Triebwerke; vor der Stadt ist der Bach 63,03 Fuß über Nullpegel. Beide Bäche sind bezüglich ihres Wasserquantums nahehin gleich; dasselbe wechselt das Jahr hin-

---

*) Unter Nullpunkt des Pegels versteht man den niedrigsten Wasserstand, der im Sommer 1842 beobachtet worden ist. Derselbe bildet den Anfang der Scala, nach welcher die jeweillige Wasserhöhe des Flusses abgelesen wird, ohne übrigens den bis jetzt beobachteten kleinsten Wasserstand zu bilden. Der kleinste Wasserstand vom 15. Juli bis 14. August 1859 war 4 Zoll unter dem Nullpunkt des hiesigen Pegels.

durch und beträgt je nach den Witterungsverhältnissen 4 bis 12 Kubik=
fuß in der Sekunde.

Die Quellen im Stadtgraben, deren Wasserspiegel 24,94 Fuß über
Nullpegel liegt, und welche in der Sekunde 2 bis 4 Kubikfuß Wasser
liefern, versorgen die Stadt mit Wasser; dieselben fördern mittelst
Maschinenleistung zur Zeit in die Stadt diesseits des Maines 62³/₈
Kubikfuß, in die jenseits des Maines 7⅛ Kubikfuß in der Minute. Im
Durchschnitte werden sohin für den Kopf täglich 3 Kubikfuß Wasser
geliefert.

Der Untergrund des Stadtterrains ist ein compacter Kalkfelsen, in
welchem mehrere Kanäle tunelirt sind, über die die Stadtbäche wegfließen.
Dieser Felsen tritt an vielen Stellen zu Tage; an keiner Stelle liegt
derselbe tiefer als 20 Fuß unter dem Straßenpflaster. An solchen
Stellen befindet sich über dem Felsen gewöhnlich eine Keuper=, Sand=
oder Kiesschichte von verschiedener Mächtigkeit (hie und da auch eine
Lettenschichte), auf welche dann die künstliche Aufschüttung folgt. Der
felsige Untergrund hat in der Regel seine Abdachungen in gleicher Rich=
tung wie das darüber liegende Terrain, nur ohne gleichmäßig ver=
theiltes Gefäll; vielmehr lassen sich muldenförmige Einsenkungen und
vorspringende Kegel nachweisen.

Die Wasserstände der Pumpbrunnen hiesiger Stadt haben eine
höchst verschiedene Höhe über dem Nullpegel des Maines; es kann dies
nur dadurch erklärt werden, daß das Sickerwasser auf dem Felsen gegen
den tiefer liegenden Main abfließt, und sich da sammelt, wo eine mulden=
förmige Einsenkung des Felsens — ein künstlich hergestellter Brunnen=
schacht — oder ein tief in das Terrain einschneidender Keller eine größere
Wasseransammlung gestattet.

Diese Ansicht findet ihre Bestätigung auch darin, daß die Wasser=
höhen der verschiedenen Grundwässer nahehin constant sind und das
Wasser in vielen Brunnenschächten in kurzer Zeit ausgepumpt werden
kann.

Um ein Beispiel von der verschiedenen Höhenlage des Wasserspiegels
der Pumpbrunnen zu geben, sei erwähnt, daß der Wasserspiegel des
Brunnens im Reurer Klostergarten am 15. März 1866 8,53 Fuß, am
22. Juni 1866 7,95 und am 17. Januar 1867 9,55 Fuß über Null=
pegel des Maines, der Wasserspiegel des Brunnens im Viertelhofe am
15. März 1866 22,20 Fuß, am 22. Juni 1866 21,60 Fuß und am
17. Januar 1867 22,15 Fuß über dem Nullpegel des Maines gelegen
war, während der Wasserspiegel des Brunnens im Bürgerspitale an

diesen drei Tagen eine Höhe von 32,79. 32,90 und 32,90 Fuß über Nullpegel hatte, obgleich der Wasserspiegel des in nächster Nähe vorbeifließenden Kürnachbaches 37,03 Fuß über Nullpegel liegt.

Weitere Aufklärungen über die Höhe des Wasserspiegels von hiesigen Pumpbrunnen gibt die Anlage I².

§ 3. Beschreibung der bestehenden Kanalisirung im Allgemeinen.

1) Die Stadt Würzburg ist in ihren meisten Straßen bereits kanalisirt. Die Straßen haben diesseits des Maines eine Länge von 69636 Fuß; die jenseits des Maines eine Länge von 9978 Fuß.

Die städtischen Kanäle haben eine Gesammtlänge von 73915,5 Fuß; von diesen liegen im Mainviertel 5499,5 Fuß. Unter obigen 73271,5 Fuß sind auch die Bachläufe der Kürnach und Pleichach mit 9510 Fuß und die in der Stadt noch bestehenden offenen Gräben mit 500 Fuß Länge enthalten, weil sie in gleicher Weise wie die übrigen Stadtkanäle benützt werden. Diese Benützung besteht in der unterirdischen Ableitung des Straßenwassers und Abführung der Abwässer und Abtritts-Excremente aus den Häusern. Von den vorhandenen unterirdischen Kanälen mit 63905,5 Fuß Gesammtlänge sind 9130 Fuß begehbar, 8981 Fuß schlüpfbar, die übrigen sind unzugänglich; 11785 Fuß sind durch Zuleitung der Kürnach spühlbar.

Diesseits des Maines gehen 3955 Abtrittssitze, 3545 Küchengüsse und 587 Stall- und Hof-Abflüsse in die Stadtkanäle, während 710 Abtrittssitze und 139 Abflüsse in gewölbte und 250 Abtrittssitze und 76 Abgüsse in offene Gruben ihren Ausfluß haben, wie aus Anlage I⁴ zu ersehen ist.

Jenseits des Maines gehen 255 Abtrittssitze, 318 Küchengüsse und 53 Hof- und Stall-Abflüsse in die Stadtkanäle; für 128 Abtrittssitze und 2 Abflüsse bestehen überwölbte Gruben, für 118 Abtrittssitze und 12 Abflüsse offene Gruben.

2) Wann mit dem Bau der Kanäle begonnen wurde, läßt sich nicht sicher ermitteln; jedoch lassen sich drei Bauperioden bestimmt unterscheiden.

In der ersten entstanden jene Kanäle, welche die Klöster zur Entwässerung ihrer Keller haben ausführen lassen.

Diese alten Kanäle bestehen noch: in der Peterer Pfarr-, hinteren Johanniter- und Karmeliter-Gasse, vom Ebracher-Hof über die Schulgasse zum Franziskanerkloster und jetzigen Schullehrer-Seminare.

Die erste Anlage dieser Kanäle erfolgte früher als die Wehranlagen der Mainmühlen, denn man hat gefunden, daß deren Ausmündungen seiner Zeit um 3 Fuß erhöht worden sind.

Die zweite Bauperiode fällt mit jener zusammen, in der die jetzt bestehende Stadtbefestigung angelegt wurde.

Bei Verschüttung der alten Stadtbefestigung längs der Hofpromenade, Theaterstraße und Spitalpromenade wurde in der Sohle des Grabens ein großer Entwässerungskanal angelegt, der nun als Hauptkanal benützt wird und zur Entwässerung eines großen Theiles des I. Stadtdistriktes dient.

Nach Verschüttung des Grabens der alten Stadtbefestigung war die Möglichkeit gegeben, zur Verbesserung des städtischen Löschwesens die Kürnach einem großen Theil des II. Stadtdistriktes zuzuleiten. Diese sog. Feuerbäche bestehen noch fort, werden aber seit Einführung der Wasserleitung nur als spühlbare Kanäle benützt, denen viele Seitenkanäle zugeleitet sind.

Die dritte Bauperiode gehört der neuesten Zeit an. Vom Jahre 1820 an hat nämlich die städtische Verwaltung eine große Thätigkeit in der Ausführung der Kanäle entwickelt. Diese Kanäle waren anfangs nur für die Straßenreinhaltung und nicht für Zuleitung der Abtritte aus den Häusern bestimmt; allein im Verlaufe der Zeit wurde die Annehmlichkeit dieser Ableitung so allgemein erkannt, daß nun alle Kanäle derartige Zuleitungen haben.

Die große Bequemlichkeit, die durch Beseitigung der Gruben-Reinigung eingetreten ist, veranlaßte die Hausbesitzer, die Stadtverwaltung gegen Zahlung eines Beitrages an die Stadtkasse um die Erlaubniß zur Abtrittsleitung in den nächstgelegenen Kanal anzugehen und diese wurde in der Regel auch gestattet.

3) Da bis jetzt über die städtischen Kanäle kein genauer Plan vorhanden war, ein solcher aber nicht wohl entbehrt werden kann, so wurden die nöthigen Kanalaufnahmen bewerkstelligt und hierauf der Plan gefertigt.

Jeder Kanal wurde durch Nachgrabungen verfolgt, seine Größe vermessen, seine Bauconstruction und sein baulicher Zustand untersucht und die Lage seiner Sohle sowohl über dem Nullpunkt des Mainpegels als unter dem Straßenpflaster bestimmt und so die Lage, die Größe und das Gefäll jedes Kanals festgestellt.

In den Detailblättern des im Maßstab von 1 zu 500 gezeichneten Stadtplanes sind alle Aufnahmen eingetragen und aus diesen der Uebersichtsplan Anlage II gefertigt.

Sämmtliche Kanäle sind nach der Größe ihrer Querschnitte in Klassen getheilt und für jede Klasse eine besondere Farbe gewählt.

Die Richtung der Kanäle von 1—2.9 Quadratfuß Querschnittsfläche ist mit blauer Farbe, von 3—4.9 Quadratfuß mit grüner, von 5—6.9 Quadratfuß mit carminrother, der von 7—11.9 Quadratfuß mit zinnoberrother, der von 12—20 Quadratfuß mit gelber und der von noch größerer Dimension mit brauner Farbe angegeben.

Die Richtung jener Kanäle, welche mittelst der Kürnach jetzt schon spühlbar sind, ist durch punktirte Linien angegeben.

Die Höhenlage der Kanalsohlen über dem Nullpunkt des Pegels ist mit derselben Farbe, welche die Kanalgröße andeutet, eingeschrieben, während die Zahlen mit schwarzer Farbe die Pflasterhöhe angeben.

Die Differenz dieser beiden Zahlen gibt die Lage des Kanals unter dem Straßenpflaster. Das Kanalgefäll ist aus der Differenz der Kanalsohlenlage und der Länge der in Betracht gezogenen Kanalstrecke leicht zu berechnen.

4) Eine bestimmte allgemein durchgeführte Bauconstruction haben die Kanäle nicht. Die alten Kanäle sind in ganz gewöhnlicher Weise gemauert, entweder mit Platten überdeckt oder überwölbt; insofern sie nicht auf felsigem Grund stehen, haben sie keine feste Sohle. Die Kanäle der neueren Zeit weisen die verschiedenartigsten Bauconstructionen auf.

Ein Theil ist in Felsen ausgespitzt, ein anderer Theil hat Sohlplatten oder Sohlpflaster, die Wandungen entweder aus Quadersteinen construirt oder mit gewöhnlichem Mauerwerk gemauert, überwölbt oder mit Platten überdeckt.

Die Kanäle, welche in neuester Zeit ausgeführt worden sind, bestehen zum großen Theil aus gespundeten Rinnsteinen, oder aus gespundeten Quadern; ein kleiner Theil hat chablonirte Sohlsteine mit Wandungen von hydraulischem Kalkstein oder Backsteinmauerwerke mit wasserdichtem Verputz.

5) Die meisten Kanäle haben einen rechtwinklichen Querschnitt; eine Ausnahme machen die Rinnkanäle und mehrere in jüngster Zeit ausgeführten Musterkanäle, welche im Querschnitt die Eiform haben. Die

älteren Kanäle haben häufig auf ihrer Länge verschiedene Querschnitte, und nicht selten ist der Nebenkanal größer, als der Hauptkanal.

6) Eben solche Unregelmäßigkeiten bestehen im Gefäll. Es kann als Regel gelten, daß der Kanal dasselbe Gefäll hat, wie das Straßenpflaster.

Eine gleichmäßige Vertheilung des relativen Gefälles ist eine Seltenheit; häufig haben Kanäle gerade da, wo für die Leistung des Kanales das größte Gefäll nothwendig ist, nämlich bei der Ausmündung, das geringste Gefäll.

§ 4. Beschreibung der einzelnen Kanäle.

Wie aus dem Uebersichtsplane zu ersehen ist, bilden die Kanäle nicht ein einziges zusammenhängendes System; es bestehen vielmehr mehrere selbstständige Kanalstränge, die entweder in den Main oder in die beiden Stadtbäche ausmünden.

Ein solcher Strang mit seinen Seitenzuflüssen gilt als Hauptkanal.

Derartige Hauptkanäle existiren im Mainviertel fünf, in dem Stadttheil diesseits des Maines siebzehn.

A. Kanäle des Mainviertels.

Hauptkanal No. I. Saalgassenkanal.

Der Saalgassenkanal bildet eine Fortsetzung des Kanals der 2ten Felsengasse und mündet in den offnen Graben am Fuß der Stadtbefestigung oberhalb der Brücke aus.

Anfang 11,24 Fuß über Nullpegel.

Ausmündung 1,07 Fuß über Nullpegel.

Auf 110 Fuß Länge 3☐' Querschnitt mit 1,8 % Gefäll und 3,35 Fuß Tieflage unter dem Pflaster.

Auf 80 Fuß Länge 4,1 ☐' Querschnitt mit 2 % Gefäll und 4,0 Fuß unter dem Pflaster.

Auf 60 Fuß Länge 5,2 ☐' Querschnitt mit 6,55 % Gefäll und 6,8 Fuß unter dem Pflaster.

Der offene Graben längs der Stadtbefestigung, 400 Fuß lang, bildet die Fortsetzung des Kanals und steht nächst der Brücke mit dem Main in Verbindung.

Der Hauptkanal Nro. I nimmt die Kanäle der 1., 2. und 3. Felsengasse auf und entwässert bei einer Gesammtlänge von 894,5 Fuß eine Fläche von circa 3—4 Tagwerken.
1. Nebenkanal der 1. Felsengasse.
   Anfang 18,56 Fuß über Nullpegel.
   Ausmündung 1,06 Fuß über Nullpegel.
   Auf 150 Fuß Länge 2,45 □' Querschnitt mit 4,47 % Gefäll und 3,4 Fuß Lage unter dem Pflaster.
   Auf 100 Fuß Länge 3,93 □' Querschnitt mit 10,25 % Gefäll und 2,71 Fuß Lage unter dem Pflaster.
2. Nebenkanal der 2. Felsengasse.
   Anfang 24,09 Fuß über Nullpegel.
   Ausmündung 11,24 Fuß über Nullpegel.
   Auf 193,5 Fuß Länge 3,15 □' Querschnitt mit 6,64 % Gefäll und 3,4 Fuß Lage unter dem Pflaster.
3. Nebenkanal der 3. Felsengasse.
   Anfang 25,31 Fuß über Nullpegel.
   Ausmündung 9,25 Fuß über Nullpegel.
   Auf 201 Fuß Länge 3,36 □' Querschnitt mit 8 % Gefäll und 4,3 Fuß Lage unter dem Pflaster.

Der I. Hauptkanal nimmt auf: 58 Abtrittssitze, 67 Küchengüsse und 13 Hof- und Stall-Abflüsse, sowie $^{23}/_{32}$ Kubikfuß Wasser per Minute aus der Wasserleitung.

Hauptkanal Nro. II. Kanal der Spitalgasse und des untern Theiles der Zellergasse.
1. Der Spitalgassenkanal vereinigt sich auf dem Dreikronenplatz mit dem Kanal der Zellergasse.
   Anfang 16,75 Fuß über Nullpegel.
   Ausmündung 12,65 Fuß über Nullpegel.
   Auf 115 Fuß Länge 1 □' Querschnitt 3,56 % Gefäll und 3 Fuß im Durchschnitt unter dem Pflaster.
   Auf 140 Fuß Länge 2,6 □' Querschnitt 2,31 % Gefäll und 4 Fuß im Durchschnitt unter dem Pflaster.
2. Kanal des unteren Theiles der Zellerstraße bis zu seinem Ausfluß in den Main.
   Anfang 27,57 Fuß über Nullpegel.
   Ausmündung 2,25 Fuß über Nullpegel.
   Auf 307 Fuß Länge 2,1 □' Querschnitt mit 3,8 % Gefäll und 3,2 Fuß im Durchschnitt unter dem Pflaster.

Auf 243 Fuß Länge 2,1 □′ Querschnitt mit 2,6 % Gefäll und 3,1 Fuß im Anfang, 7,21 Fuß am Ende unter dem Pflaster.

Auf 134 Fuß Länge 3,74 □′ Querschnitt mit 5,3 % Gefäll und 7,21 Fuß im Durchschnitt unter dem Pflaster.

Derselbe nimmt den Seitenkanal vom Schloßgäßchen auf.

3. Kanal des Schloßgäßchens.

Anfang 22,81 Fuß über Nullpegel.

Ausmündung 11,38 Fuß über Nullpegel.

Auf 150 Fuß Länge 1,8 □′ Querschnitt mit 7,6 % Gefäll und 2,8 Fuß im Anfang und 6,2 Fuß am Ende unter dem Pflaster.

Der Hauptkanal Nro. II. entwässert eine Fläche von etwa 18 Tagwerken mit 1089 laufenden Fuß Kanälen und nimmt auf 37 Abtrittssitze, 69 Güsse und 10 Hof- und Stall-Abflüsse, sowie $^{29}/_{32}$ Kubikfuß Wasser per Minute aus der Wasserleitung.

Hauptkanal Nro. III. Kanal der oberen Zellergasse und großen Katzengasse.

1. Der obere Zellergassenkanal beginnt bei dem ärarialischen Jagdzeughaus, passirt die große Katzengasse und fließt in einer offnen Rinne in den Main.

Anfang 63,81 Fuß über Nullpegel.

Ausmündung 27,40 Fuß über Nullpegel.

Auf 337 Fuß Länge 2,4 □′ Querschnitt mit 3,6 % Gefäll und 3,1 Fuß im Durchschnitt unter dem Pflaster.

Auf 185 Fuß Länge 1,8 □′ Querschnitt mit 7 % Gefäll und 3 Fuß im Durchschnitt unter dem Pflaster.

Auf 98 Fuß Länge 1,8 □′ Querschnitt 5,2 % Gefäll und 3,5 Fuß im Durchschnitt unter dem Pflaster.

2. Kanal der großen Katzengasse von der oberen Zellergasse bis zum Main.

Anfang 27,40 über Nullpegel.

Ausmündung 4,57 über Nullpegel.

Auf 180 Fuß Länge 1,69 □′ Querschnitt, 6 % Gefäll und 3,3 Fuß im Durchschnitt unter dem Pflaster.

Auf 241 Fuß Länge 2,56 □′ Querschnitt mit 5 % Gefäll und 2,7 Fuß im Durchschnitt unter dem Pflaster.

Seitenkanäle sind:

3. Kanal durch den Bogen der Deutschhauskirche.

Anfang 59,29 Fuß über Nullpegel.

Ausmündung 45,06 Fuß über Nullpegel.
Auf 177 Fuß Länge 3 ☐' Querschnitt mit 8 % Gefäll und 3,8 Fuß im Durchschnitt unter dem Pflaster.

4. **Kanal der oberen Schloßgasse.**
Anfang 40,92 Fuß über Nullpegel.
Ausmündung 32,53 Fuß über Nullpegel.
Auf 80 Fuß Länge 2,25 ☐' Querschnitt mit 10 % Gefäll und 3,25 Fuß im Durchschnitt unter dem Pflaster.

5. **Kanal der kleinen Katzengasse.**
Anfang 23,71 Fuß über Nullpegel.
Ausmündung 16,64 Fuß über Nullpegel.
Auf 184 Fuß Länge 2,57 ☐' Querschnitt mit 6,9 % Gefäll und 3,35 Fuß im Durchschnitt unter dem Pflaster.

Der III. Hauptkanal entwässert ein Gebiet von ca. 16 Tagwerken, seine Gesammtlänge beträgt 1482 laufende Fuß. Er nimmt auf 45 Abtrittssitze, 68 Küchengüsse und 11 Hof- und Stall-Abflüsse, sowie $^{13}/_{16}$ Kubikfuß Wasser per Minute aus der Wasserleitung.

Hauptkanal Nro. IV. Kanal der Laufergasse.

Der Laufergassenkanal beginnt bei der Einmündung der Laufergasse in die Kaserngasse, nimmt in der Fischergasse einen Seitenzufluß auf und münzet wie der obere Zellergassenkanal in einen offenen Graben.

1. **Kanal der Laufergasse.**
Anfang 13,57 Fuß über Nullpegel.
Ausmündung 8,57 Fuß über Nullpegel.
Auf 132 Fuß Länge 2,55 ☐' Querschnitt mit 1,1 % Gefäll und 4,1 Fuß im Durchschnitt unter dem Pflaster.
Auf 185 Fuß Länge 1,95 ☐' Querschnitt mit 1,8 % Gefäll und 3,4 Fuß im Durchschnitt unter dem Pflaster.
Auf 60 Fuß Länge 2,63 ☐' Querschnitt mit 0,23 % Gefäll und 2,5 Fuß im Durchschnitt unter dem Pflaster.

Nebenkanäle sind:

2. **Rechtseitiger Fischergassenkanal.**
Anfang 8,77 Fuß über dem Nullpegel.
Ausmündung 8,71 Fuß über Nullpegel.
Auf 90 Fuß Länge 2,25 ☐' Querschnitt mit 0,07 % Gefäll und 3 Fuß im Durchschnitt unter dem Pflaster.

3. **Linkseitiger Fischergassenkanal.**
Anfang 11,04 Fuß über Nullpegel.

Ausmündung 6,94 Fuß über Nullpegel.

Auf 50 Fuß Länge 2,16 ☐' Querschnitt mit 8,2 % Gefäll und 3 Fuß im Durchschnitt unter dem Pflaster.

Der IV. Hauptkanal entwässert etwa 4,5 Tagwerke, seine Gesammtlänge beträgt 582 laufende Fuß. Er nimmt auf 23 Abtrittssitze, 40 Küchengüsse und 2 Hof- und Stall-Abflüsse, sowie ¼ Kubikfuß Wasser per Minute aus der Wasserleitung.

Selbständiger Abfluß der Fischergasse in den Main.

Anfang 11,37 Fuß über Nullpegel.

Ausmündung 9,01 Fuß über Nullpegel.

Auf 65 Fuß Länge 3 ☐' Querschnitt mit 3,8 % Gefäll und 6 Fuß im Durchschnitt unter dem Pflaster.

Hauptkanal Nro. V. Kanal des Schottenanger, der Kasern- und Elstergasse.

Dieser Hauptkanal beginnt in der Deutschhauskaserne auf dem Schottenanger, passirt die Kasern- und Elstergasse und mündet in einem offenen Graben in den Main. Nebenkanäle hat derselbe nicht.

1. **Schottenangerkanal.**

Anfang 64,14 Fuß über Nullpegel.

Ausmündung 21,84 Fuß über Nullpegel.

Auf 270 Fuß Länge 2,55 ☐' Querschnitt mit 3 % Gefäll und 3,2 Fuß im Durchschnitt unter dem Pflaster.

Auf 130 Fuß Länge 2,55 ☐' Querschnitt mit 6,6 % Gefäll und 2,1 Fuß im Durchschnitt unter dem Pflaster.

Auf 275 Fuß Länge 1 ☐' Querschnitt mit 9,3 % Gefäll und 2,6 Fuß im Durchschnitt unter dem Pflaster.

2. **Kaserngassenkanal.**

Anfang 21,84 Fuß über Nullpegel.

Ausmündung 14,85 Fuß über Nullpegel.

Auf 370 Fuß Länge 3,15 ☐' Querschnitt mit 1,89 % Gefäll und 3,9 Fuß im Durchschnitt unter dem Pflaster.

3. **Elstergassenkanal.**

Anfang 14,85 über Nullpegel.

Ausmündung 8,20 Fuß über Nullpegel.

Auf 385 Fuß Länge 3,4 ☐' Querschnitt mit 1,72 % Gefäll und 3,8 Fuß im Durchschnitt unter dem Pflaster.

4. **Fischergassenkanal.**

Anfang 8,20 Fuß über Nullpegel.

Ausmündung 6,74 Fuß über Nullpegel.

Auf 25 Fuß Länge 3 □' Querschnitt mit 5,8 % Gefäll und 4,3 Fuß im Mittel unter dem Pflaster.

Der V. Hauptkanal entwässert eine Fläche von etwa 16 Tagwerken. Seine Gesammtlänge beträgt 1440 laufende Fuß. Er nimmt auf: 19 Abtrittssitze, 20 Güsse, 9 Hof= und Stall=Abflüsse und $2^{11}/_{16}$ Kubikfuß Wasser per Minute aus der Wasserleitung.

Hiernach bestehen im Mainviertel
    Kanäle bis 6 □' Querschnitt 60 laufende Fuß,
      „ von 3—4,9 □' Querschnitt 1819,5 laufende Fuß,
      „ von 1—2,9 □' Querschnitt 3623 laufende Fuß.

B. Kanäle in dem Stadttheile diesseits des Maines.

a) Hauptkanäle des I. Stadtdistriktes.

Hauptkanal Nro. VI. Abfluß aus den Seen inner=halb der Stadt nächst dem Pleichacherthor.

Die fraglichen Seen, etwa 1,5 Tagwerke groß, ärarialisches Eigen=thum, und zur Fischzucht benützt, werden von der Pleichach aus durch einen ständigen Zufluß gespeist; in nächster Nähe des Pleichacherthores beginnt der Abflußkanal dieser Seen, der vor der Einmündung der Schiffswinterung in den Main fließt. Nebenkanäle hat derselbe nicht.

1. **Abfluß aus den Seen.**
    Anfang 3,34 Fuß über Nullpegel.
    Ausmündung 0,32 Fuß über Nullpegel.
    Auf 330 Fuß Länge 18 □' Querschnitt 0,55 % Gefäll und 15,5 Fuß im Durchschnitt unter dem Pflaster.
    Auf 330 Fuß Länge 5 □' Querschnitt 0,55 % Gefäll und 15,5 Fuß im Durchschnitt unter dem Pflaster.

Der VI. Hauptkanal hat eine Gesammtlänge von 660 Fuß und nimmt auf: 23 Abtrittssitze und 17 Küchengüsse, sowie $^5/_{32}$ Kubikfuß Wasser aus der Wasserleitung.

Hauptkanal Nro. VII. Die Pleichach.

Dieselbe durchfließt die Stadt in einer Länge von 3710 Fuß größ=tentheils in einem offenen Gerinne.

1. **Die Pleichach.**
    Anfang 34,19 Fuß über Nullpegel.
    Ausmündung 0,32 Fuß über Nullpegel.

Auf 3710 Fuß Länge 5 ☐' Querschnitt mit 0,9 % relatives Ge=
fäll und 3 Fuß im Durchschnitt unter dem Pflaster.

Stand des Aichpfahles vor der Günther'schen Mühle 34,19 F. über Null.
" " " " dem Triebwerk der Stadt 23,03 F. " "
" " " " " " b. Juliusspit. 15,64 F. " "
" " " " der Bohnes=Mühle 12,18 F. " "
" " " " " Bruder=Mühle 7,77 F. " "

Nebenkanäle sind:

2. **Kanal vom Kroatendörfchen her.**
    Anfang 38,14 Fuß über Nullpegel.
    Ausmündung 28,09 Fuß über Nullpegel.
    Auf 95 Fuß Länge 2,25 ☐' Querschnitt mit 1,4 % Gefäll und
    2,3 Fuß im Durchschnitt unter dem Pflaster.
    Auf 130 Fuß Länge 2,25 ☐' Querschnitt mit 6,6 % Gefäll und
    2,3 Fuß im Durchschnitt unter dem Pflaster.

3. **Kanal der hinteren Kapuzinergasse.**
    Anfang 29,85 Fuß über Nullpegel.
    Ausmündung 22,99 Fuß über Nullpegel.
    Auf 300 Fuß Länge 6 ☐' Querschnitt mit 1 % Gefäll und 4,3
    Fuß im Anfange, 8,7 Fuß am Ende unter dem Pflaster.
    Auf 200 Fuß Länge 6 ☐' Querschnitt mit 2,25 % Gefäll und 8,7
    am Anfange unter dem Pflaster, am Ende in einen offenen Graben.
    Auf 375 Fuß Länge, wovon 75 Fuß gewölbter Kanal und 300
    Fuß offener Graben, der Kanal mit 12 ☐' Querschnitt 0,3 %
    Gefäll und 12,0 Fuß im Durchschnitt unter dem Pflaster.

4. **Kanal der Strohgasse.**
    Anfang 30,05 Fuß über Nullpegel.
    Ausmündung 23,97 Fuß über Nullpegel.
    Auf 300 Fuß 2,55 ☐' Querschnitt mit 1,3 % Gefäll und 4,4 Fuß
    im Durchschnitt unter dem Pflaster.
    Auf 85 Fuß 4,25 ☐' Querschnitt mit 1,5 % Gefäll und 4,5 Fuß
    im Durchschnitt unter dem Pflaster.
    Auf 200 Fuß 3,6 ☐' Querschnitt mit 1 % Gefäll und 7 Fuß am
    Ende unter dem Pflaster.

5. **Kanal zwischen der Semmels= und Strohgasse.**
    Anfang 28,80 Fuß über Nullpegel.
    Ausmündung 26,00 Fuß über Nullpegel.
    Auf 150 Fuß Länge 2,7 ☐' Querschnitt mit 1,5 % Gefäll und
    4,3 Fuß unter dem Pflaster.

6. **Kanal der Teufelsthorgasse.**
   Linke Seite.
   Anfang 24,84 Fuß über Nullpegel.
   Ausmündung 18,64 Fuß über Nullpegel.
   Auf 360 Fuß Länge 3 ☐' Querschnitt mit 1,7 % Gefäll und 3,65 Fuß im Anfange, 8,85 Fuß am Ende unter dem Pflaster.
   Rechte Seite.
   Anfang 24,82 Fuß über Nullpegel.
   Ausmündung 20,82 Fuß über Nullpegel.
   Auf 100 Fuß Länge 3 ☐' Querschnitt mit 4 % Gefäll und 4,5 Fuß im Durchschnitt unter dem Pflaster.

7. **Kanal der hinteren Wallgasse.**
   Anfang 21,38 Fuß über Nullpegel.
   Ausmündung 14,66 Fuß über Nullpegel.
   Auf 130 Fuß 3 ☐' Querschnitt mit 2,6 % Gefäll und 2,8 Fuß im Durchschnitt unter dem Pflaster.
   Auf 90 Fuß 3 ☐' Querschnitt mit 3,4 % Gefäll und 1,5 Fuß im Anfang, 6,9 Fuß am Ende unter dem Pflaster.

8. **Kanal der Reißgrubengasse.**
   Anfang 16,81 Fuß über Nullpegel.
   Ausmündung 14,75 Fuß über Nullpegel.
   Auf 143 Fuß Länge 3,6 ☐' Querschnitt mit 1,4 % Gefäll und 3,8 Fuß im Anfang und 6,4 Fuß am Ende unter dem Pflaster.

10. **Kanal der oberen Wallgasse.**
    Anfang 24,78 Fuß über Nullpegel.
    Ausmündung 15 Fuß über Nullpegel.
    Auf 150 Fuß 2,7 ☐' Querschnitt mit 3,2 % Gefäll und 3,6 Fuß unter dem Pflaster.
    Auf 130 Fuß 4,5 ☐' Querschnitt mit 3,8 % Gefäll und 3,5 Fuß im Durchschnitt unter dem Straßenpflaster.

11. **Kanal der Sackgasse nächst der Mühlgasse.**
    Anfang 9,89 Fuß über Nullpegel.
    Ausmündung 8,75 Fuß über Nullpegel.
    Auf 100 Fuß 5 ☐' Querschnitt mit 1,14 % Gefäll und 9 Fuß im Anfange, 5 Fuß am Ende unter dem Pflaster.

12. **Kanal der Kuhgasse.**
    Anfang 12,09 Fuß über Nullpegel.
    Ausmündung 10,99 Fuß über Nullpegel.

Auf 160 Fuß Länge 3 ☐' Querschnitt mit 0,7 % Gefäll und 2,9 Fuß im Durchschnitt unter dem Pflaster.

13. **Kanal der Ronnengasse.**
    Anfang 14,89 Fuß über Nullpegel.
    Ausmündung 8,2 Fuß über Nullpegel.
    Auf 250 Fuß 3 ☐' Querschnitt mit 2,6 % Gefäll und 4,35 Fuß im Durchschnitt unter dem Straßenpflaster.

14. **Kanal der Pleichacher Thorgasse.**
    Anfang 15,47 Fuß über Nullpegel.
    Ausmündung 3,37 Fuß über Nullpegel.
    Auf 260 Fuß 3,75 ☐' Querschnitt mit 2 % Gefäll und 4,4 Fuß im Durchschnitt unter dem Pflaster.
    Auf 160 Fuß 3 ☐' Querschnitt mit 3 % Gefäll und 4,1 Fuß im Durchschnitt unter dem Pflaster.
    Auf 100 Fuß 3 ☐' Querschnitt mit 2,17 % Gefäll und 5,2 Fuß im Durchschnitt unter dem Pflaster.

15. **Kanal der Pleichacher Bocksgasse.**
    Anfang 11,95 Fuß über Nullpegel.
    Ausmündung 6,73 Fuß über Nullpegel.
    Auf 135 Fuß 3,6 ☐' Querschnitt mit 4 % Gefäll und 3,7 Fuß im Durchschnitt unter dem Pflaster.

16. **Kanal der Gerbersgasse im Anschlusse mit vorstehendem Kanal.**
    Anfang 6,73 Fuß über Nullpegel.
    Ausmündung 3,37 Fuß über Nullpegel.
    Auf 185 Fuß Länge 3,6 ☐' Querschnitt mit 1,8 % Gefäll und 3,8 Fuß im Anfange, 6 Fuß am Ende unter dem Pflaster.

Das Entwässerungs-Areal der Pleichach beträgt circa 50 Tagwerke. Die Seitenkanäle haben eine Länge von 4253 Fuß. Die Pleichach nimmt auf: 251 Abtrittssitze, 269 Küchengüsse und 47 Hof- und Stall-Abflüsse, sowie in der Minute 2¹/₁₆ Kubikfuß Wasser aus der Wasserleitung.

Hauptkanal Nro. VIII. Die Kürnach.
Dieselbe durchfließt die Stadt in einer Länge von 5800 Fuß ebenfalls zum Theil in offenem Gerinne.

1. **Die Kürnach.**
    Anfang 44,68 Fuß über Nullpegel.
    Ausmündung 0,32 Fuß über Nullpegel.

Auf 5800 Fuß Länge 5 ☐' Querschnitte mit 0,76 % relatives Gefäll.

Aichpfahl der Karthäusermühle 44,68 Fuß über Nullpegel.
„ „ Bürgerspitalmühle 37,03 „ „ „
„ „ Juliusspitalmühle 29,77 „ „ „
„ „ Pfaffenmühle 15,29 „ „ „

2. **Kanal der Kapuzinergasse.**
Anfang 42,57 Fuß über Nullpegel.
Ausmündung 36,93 Fuß über Nullpegel.
Auf 300 Fuß Länge 3 ☐' Querschnitt mit 1,3 % Gefäll und 4 Fuß im Durchschnitt unter dem Pflaster.
Auf 100 Fuß Länge 1 ☐' Querschnitt mit 1,1 % Gefäll und 4 Fuß im Durchschnitt unter dem Pflaster.
Auf 75 Fuß Länge 4 ☐' Querschnitte mit 2,1 % Gefäll und 5,15 Fuß im Durchschnitte unter dem Pflaster.

3. **Kanal der Stifthauger Pfaffengasse.**
Anfang 30,6 Fuß über Nullpegel.
Ausmündung 29,8 Fuß über Nullpegel.
Auf 160 Fuß 3,5 ☐' Querschnitt mit 0,5 % Gefäll und 3 Fuß im Durchschnitt unter dem Pflaster.

4. **Kanal der Schuttgasse.**
Anfang 13,99 Fuß über Nullpegel.
Ausmündung 1,38 Fuß über Nullpegel.
Auf 225 Fuß Länge 1 ☐' Querschnitt mit 2,23 % Gefäll und 3,35 Fuß im Durchschnitt unter dem Pflaster.
Auf 100 Fuß Länge 3 ☐' Querschnitt mit 3 % Gefäll und 4,1 Fuß im Durchschnitt unter dem Pflaster.
Auf 50 Fuß Länge 3 ☐' Querschnitt mit 9 % Gefäll und 5,55 Fuß im Durchschnitt unter dem Pflaster.

Das Entwässerungsareal der Kürnach beträgt circa 40 Tagwerke. Die Seitenkanäle haben eine Gesammtlänge von 1090 laufende Fuß.

Die Kürnach vereinigt sich vor ihrer Einmündung in den Main mit der Pleichach, nachdem an der Stelle, wo früher das alte Schlachthaus gestanden ist, der große Kanal vom Residenzplatz her und die Feuerbäche von ihr aufgenommen worden sind. Die Kürnach nimmt auf 263 Abtrittssitze, 204 Küchengüsse, 13 Hof- und Stall-Abflüsse und in der Minute $4\tfrac{15}{16}$ Kubikfuß Wasser aus der Wasserleitung.

Hauptkanal Nro. IX. Der große Kanal, der längs der Theaterstraße und der Spitalpromenade in den verschütteten Stadtgraben eingebaut ist. Derselbe liegt auf der Grenze des I. und II. Stadtdistriktes, beginnt am Rennweger Thore und mündet unter der neuen Mainausfahrt am Ochsenplatze in die Kürnach ein. Der Kanal hat durchschnittlich solche Dimensionen, daß derselbe fast befahren werden kann; seine Länge beträgt 4150 Fuß.

1. **Der große Kanal von dem Residenzplatz längs der Theaterstraße bis zur Kürnach.**

    Anfang 55,28 Fuß über Nullpegel.
    Ausmündung 1,68 Fuß über Nullpegel.

    Auf 390 Fuß 3,3 $\square'$ Querschnitt mit 3,4 % Gefäll und 5,05 Fuß im Durchschnitt unter dem Pflaster.

    Auf 400 Fuß 23,4 $\square'$ Querschnitt 2,25 % Gefäll und 13,2 Fuß im Durchschnitt unter dem Pflaster.

    Auf 400 Fuß 46,75 $\square'$ Querschnitt mit 0,74 % Gefäll und 18 Fuß im Durchschnitt unter dem Pflaster.

    Auf 690 Fuß 400 $\square'$ Querschnitt mit 0,65 % Gefäll und 19,5 Fuß im Durchschnitt unter dem Pflaster.

    Auf 665 Fuß 49,5 $\square'$ Querschnitt mit 0,54 % Gefäll und 21 Fuß im Durchschnitt unter dem Pflaster.

    Auf 800 Fuß 60 $\square'$ Querschnitt mit 0,95 % Gefäll und 16 Fuß im Durchschnitt unter dem Pflaster.

    Auf 385 Fuß 54 $\square'$ Querschnitt mit 0,79 % Gefäll und 16,5 Fuß im Durchschnitt unter dem Pflaster.

    Auf 520 Fuß 35,75 $\square'$ Querschnitt mit 0,38 % Gefäll und 8,4 Fuß im Durchschnitt unter dem Pflaster.

Nebenkanäle sind:

2. **Kanal der Kapuzinergasse.**

    Anfang 38,75 Fuß über Nullpegel.
    Ausmündung 22,51 Fuß über Nullpegel.

    Auf 660 Fuß Länge 3 $\square'$ Querschnitt mit 0,8 % Gefäll und 4,3 Fuß im Durchschnitt unter dem Pflaster.

    Auf 70 Fuß 2,25 $\square'$ Querschnitt mit 4,3 % Gefäll und 3,2 Fuß im Durchschnitt unter dem Pflaster.

    Auf 450 Fuß 13,5 $\square'$ Querschnitt mit 2,3 % Gefäll und 4,6 Fuß im Anfang, 18 Fuß am Ende unter dem Pflaster.

3. **Kanal der Semmelsgasse.**
   Anfang 31,14 Fuß über Nullpegel.
   Ausmündung 18,95 Fuß über Nullpegel.
   Auf 130 Fuß Länge 5 □' Querschnitt mit 1,79 % Gefäll und 4 Fuß im Durchschnitt unter dem Pflaster.
   Auf 365 Fuß 15,9 □' Querschnitt mit 0,6 % Gefäll und 7 Fuß unter dem Straßenpflaster.
   Auf 210 Fuß 22,5 □' Querschnitt mit 0,5 % Gefäll und 10,65 Fuß im Durchschnitt unter dem Pflaster.
   Auf 200 Fuß 24 □' Querschnitt mit 0,86 % Gefäll und 12,5 Fuß im Durchschnitt unter dem Pflaster.
   Auf 375 Fuß 25,5 □' Querschnitt mit 1,2 % Gefäll und 17 Fuß am Ende unter dem Pflaster.

4. **Kanal der Handgasse.**
   Anfang 33,57 Fuß über Nullpegel.
   Ausmündung 28,34 Fuß über Nullpegel.
   Auf 175 Fuß Länge 5 □' Querschnitt mit 3 % Gefäll und 6 Fuß im Durchschnitt unter dem Pflaster.

5. **Unterer Theil der Strohgasse.**
   Anfang 29,79 Fuß über Nullpegel.
   Ausmündung 28 Fuß über Nullpegel.
   Auf 260 Fuß Länge 2,18 □' Querschnitt mit 0,7 % Gefäll und 4,7 Fuß im Durchschnitt unter dem Pflaster.

6. **Stifthauger Pfaffengassenkanal.**
   Anfang 30,45 Fuß über Nullpegel.
   Ausmündung 22,15 Fuß über Nullpegel.
   Auf 307 Fuß Länge 3 □' Querschnitt mit 2,7 % Gefäll und 6 Fuß im Durchschnitt unter dem Pflaster.

7. **Kanal des Stifthauger Kirchplatzes mit Pfarrgasse.**
   Anfang 23,28 Fuß über Nullpegel.
   Ausmündung 14,36 Fuß über Nullpegel.
   Auf 700 Fuß Länge 9 □' Querschnitt mit 1,25 % Gefäll und 11 Fuß im Durchschnitt unter dem Pflaster.

8. **Kanal der unteren Reisgrubengasse.**
   Anfang 19,86 Fuß über Nullpegel.
   Ausmündung 14,36 Fuß über Nullpegel.
   Auf 100 Fuß Länge 7,2 □' Querschnitt mit 5,5 % Gefäll und 2 Fuß am Anfang, 11,9 Fuß am Ende unter dem Pflaster.

9. **Kanal der Stelzengasse.**
>Anfang 12,78 Fuß über Nullpegel.
>Ausmündung 6,75 Fuß über Nullpegel.
>Auf 225 Fuß Länge 6 ☐' Querschnitt mit 2,7 % Gefäll und 6 Fuß am Anfang, 13 Fuß am Ende unter dem Pflaster.

10. **Kanal der Kuhgasse.**
>Anfang 13,4 Fuß über Nullpegel.
>Ausmündung 8,07 Fuß über Nullpegel.
>Auf 145 Fuß Länge 3 ☐' Querschnitt mit 0,9 % Gefäll und 2,5 Fuß im Anfang, 8 Fuß am Ende unter dem Pflaster.
>Auf 315 Fuß Länge 6,5 ☐' Querschnitt mit 1,25 % Gefäll und 15 Fuß am Ende unter dem Pflaster.

11. **Kanal der Neugasse.**
>Anfang 16,75 Fuß über Nullpegel.
>Ende 15,85 Fuß über Nullpegel.
>Auf 135 Fuß Länge 4,25 ☐' Querschnitt mit 0,66 % Gefäll und 4,25 Fuß im Durchschnitt unter dem Pflaster.
>Auf 130 Fuß Länge 6 ☐' Querschnitt mit 3,4 % Gefäll und 4,5 Fuß im Anfang, 8 Fuß am Ende unter dem Pflaster.

Der IX. Hauptkanal entwässert ein Areal von über 50 Tagwerken. Seine Seitenkanäle haben eine Gesammtlänge von 6877 Fuß. Ein Theil des Kanals der Semmelsgasse mit den Beikanälen von der Handgasse und dem Kirchgäßchen ist von der Handgasse aus durch die Kürnach spühlbar.

Hiernach sind im I. Distrikte:

1480	laufende Fuß mit	1—2,9	☐'	Querschnitt.
4810	" " "	3—4,9	☐'	"
1905	" " "	5—6,9	☐'	"
840	" " "	7—11,9	☐'	"
2005	" " "	12—20	☐'	"
3860	" " "	20—60	☐'	"
9810	" " "	mit offenen Gräben und Bächen.		

b) Kanäle des II. Stadtdistriktes.

Der Hauptkanal Nro. IX. nimmt aus dem II. Stadtdistrikte noch die Seitenkanäle auf:

12. **Kanal des Ingolstädter Hofes.**
   Anfang 27,04 Fuß über Nullpegel.
   Ausmündung 22,16 Fuß über Nullpegel.
   Auf 290 Fuß Länge 11,6 ☐' Querschnitt mit 1,2 % Gefäll und 9,5 Fuß im Durchschnitt unter dem Pflaster.
   Auf 230 Fuß Länge 10,5 ☐' Querschnitt mit 1 % Gefäll und 12 Fuß im Durchschnitt unter dem Pflaster.
   Auf 360 Fuß Länge 6,5 ☐' Querschnitt mit 0,4 % Gefäll und 12 Fuß im Anfang, 19,5 Fuß am Ende unter dem Pflaster.
   Beifluß von den Häusern des inneren Hofes.
   Auf 100 Fuß Länge 6 ☐' Querschnitt mit 4,9 % Gefäll und 5 Fuß im Durchschnitt unter dem Pflaster.

13. **Kanal der oberen und unteren Wöllergasse mit Todtenbergchen.**
   Anfang 39,54 Fuß über Nullpegel.
   Ausmündung 11,34 Fuß über Nullpegel.
   Auf 285 Fuß 3 ☐' Querschnitt mit 1,35 % Gefäll und 3,6 Fuß im Durchschnitt unter dem Pflaster.
   Beifluß 70 Fuß Länge 3 ☐' Querschnitt und 0,75 % Gefäll und 4 Fuß im Durchschnitt unter dem Pflaster.
   Auf 185 Fuß Länge 3 ☐' Querschnitt mit 4,5 Gefäll und 3,25 Fuß im Durchschnitt unter dem Pflaster.
   Auf 70 Fuß Länge 3 ☐' Querschnitt mit 5 % Gefäll und 2,5 Fuß im Durchschnitt unter dem Pflaster.
   Auf 185 Fuß Länge 2,25 ☐' Querschnitt mit 6,9 % Gefäll und 3,25 Fuß im Durchschnitt unter dem Pflaster.
   Auf 115 Fuß Länge 1 ☐' Querschnitt mit 1,3 % Gefäll und 2 Fuß im Durchschnitt unter dem Pflaster.
   Auf 180 Fuß Länge 6 ☐' Querschnitt mit 6 % Gefäll und 1,5 Fuß am Anfang, 11,5 Fuß am Ende unter dem Pflaster.

Der IX. Hauptkanal nimmt auf: 602 Abtrittssitze, 546 Küchengüsse und 58 Hof- und Stall-Abflüsse, sowie $5^{9}/_{16}$ Kubikfuß Wasser in der Minute aus der Wasserleitung.

Hauptkanal Nro. X. Der Feuerbach.
Derselbe steht in der Bürgerspitalmühle mit der Kürnach in Verbindung, durch welche derselbe gespült werden kann. Die Stadt hat das verbriefte Recht, vom 1. Mai bis 1. Oktober jeden Samstag von 2 bis 4 Uhr die Kürnach in den Feuerbach abzuleiten.

In dem Garten des Anwesens II. Diſtr. Nro. 5. theilt ſich der Feuer=
bach in zwei Stränge, die hinter der Fleiſchbank in der Nähe ſeiner Ein=
mündung in die Kürnach ſich wieder vereinigen.

1. Der Feuerbachkanal.
  a) Oberer Strang.
   Anfang 35,64 Fuß über Nullpegel.
   Ausmündung 4,51 Fuß über Nullpegel.
   Auf 215 Fuß 5,25 □' Querſchnitt mit 1,4 % Gefäll und 6,2 Fuß im Durchſchnitt unter dem Pflaſter.
   Auf 480 Fuß 3,6 □' Querſchnitt mit 1 % Gefäll und 5 Fuß im Durchſchnitt unter dem Pflaſter.
   Auf 170 Fuß 3,6 □' Querſchnitt mit 0,9 % Gefäll und 5 Fuß im Durchſchnitt unter dem Pflaſter.
   Auf 215 Fuß 3,6 □' Querſchnitt mit 0,53 % Gefäll und 4,3 Fuß unter dem Pflaſter.
   Auf 280 Fuß 3 □' Querſchnitt mit 0,69 % Gefäll und 4 Fuß im Durchſchnitt unter dem Pflaſter.
   Auf 100 Fuß 3 □' Querſchnitt mit 0,45 % Gefäll und 4,6 Fuß im Durchſchnitt unter dem Pflaſter.
   Auf 150 Fuß 3 □' Querſchnitt mit 0,4 % Gefäll und 3,5 Fuß im Durchſchnitt unter dem Pflaſter.
   Auf 170 Fuß 3,5 □' Querſchnitt mit 1,5 % Gefäll und 3,5 Fuß im Durchſchnitt unter dem Pflaſter.
   Auf 215 Fuß 3,5 □' Querſchnitt mit 1,1 % Gefäll und 5 Fuß im Durchſchnitt unter dem Pflaſter.
   Auf 255 Fuß 6 □' Querſchnitt mit 1 % Gefäll und 5,4 Fuß im Durchſchnitt unter dem Pflaſter.
   Auf 315 Fuß 7 □' Querſchnitt mit 3,1 % Gefäll und 6,4 Fuß im Durchſchnitt unter dem Pflaſter.
   Auf 75 Fuß 7 □' Querſchnitt mit 0,1 % Gefäll und 11,64 Fuß im Durchſchnitt unter dem Pflaſter.

Seitenkanäle ſind:

2. Der Schrannenplatzkanal.
   Anfang 37,7 Fuß über Nullpegel.
   Ausmündung 32,6 Fuß über Nullpegel.
   Auf 280 Fuß 3,5 □' mit 1,9 % Gefäll und 5 Fuß im Durch=
ſchnitt unter dem Pflaſter.

3. **Der Hahnenhofkanal.**
　Anfang 24,09 Fuß über Nullpegel.
　Ausmündung 23,47 Fuß über Nullpegel.
　Auf 120 Fuß Länge 2,25 ☐' Querschnitt mit 0,5 % Gefäll und 3 Fuß im Durchschnitt unter dem Pflaster.
　Auf 95 Fuß Länge 4,37 ☐' Querschnitt mit 0,6 % Gefäll und 4,5 Fuß im Durchschnitt unter dem Pflaster.

4. **Der Kanal vom Marktplatz her.**
　Anfang 20,22 Fuß über Nullpegel.
　Ausmündung 23 Fuß über Nullpegel.
　Auf 200 Fuß Länge 5,6 ☐' Querschnitt mit 0,94 % Gefäll und 4 Fuß im Durchschnitt unter dem Pflaster.

5. **Der Kanal vom Inneren Graben her.**
　Anfang 20,22 Fuß über Nullpegel.
　Ausmündung 16,92 Fuß über Nullpegel.
　Auf 82,5 Fuß Länge 1 ☐' Querschnitt mit 2,25 % Gefäll und 3 Fuß im Durchschnitt unter dem Pflaster.
　Auf 203 Fuß 2,25 ☐' Querschnitt mit 0,56 % Gefäll und 3,5 Fuß im Durchschnitt unter dem Pflaster.
　Auf 115 Fuß 3,5 ☐' Querschnitt mit 0,28 % Gefäll und 4,5 Fuß im Durchschnitt unter dem Pflaster.
　Auf 180 Fuß 3,5 ☐' Querschnitt mit 0,7 % Gefäll und 5 Fuß im Durchschnitt unter dem Pflaster.
　Auf 45 Fuß 3,5 ☐' Querschnitt mit 1 % Gefäll und 5 Fuß im Durchschnitt unter dem Pflaster.

6. **Kanal vom Hammelsgäßchen her.**
　Anfang 19,06 Fuß über Nullpegel.
　Ausmündung 18,71 Fuß über Nullpegel.
　Auf 195 Fuß Länge 1,5 ☐' Querschnitt mit 0,18 % und 3,5 Fuß im Durchschnitt unter dem Pflaster.

7. **Kanal vom Grabengäßchen her.**
　Anfang 19,86 Fuß über Nullpegel.
　Ausmündung 17,42 Fuß über Nullpegel.
　Auf 231 Fuß Länge 1 ☐' Querschnitt mit 1,05 % Gefäll und 5 Fuß im Durchschnitt unter dem Pflaster.

8. **Kanal der Ulmergasse.**
　Anfang 15,35 Fuß über Nullpegel.

Ausmündung 14,37 Fuß über Nullpegel.

Auf 50 Fuß Länge 4 ☐' Querschnitt mit 1,98 Gefäll und 5,4 Fuß im Durchschnitt unter dem Pflaster.

Der obere Strang hat eine Länge von 2640 Fuß und entwässert dieser Zweig des Feuerbachkanals ein Areal von etwa 20 Tagwerken. Seine Seitenkanäle haben eine Gesammtlänge von 1795,5 lauf. Fuß.

Mit diesem Feuerbach stehen die Seitenkanäle der Loch- und Häfnersgasse und des Kürschnerhofes, die durch angebrachte Stau- und Schützenvorrichtungen gespühlt werden können, in Verbindung. In der Katharinengasse vor dem Haus II. Distr. Nro. 183 durchschneiden sich die beiden Stränge des Feuerbachs.

 b) Der untere Strang des Feuerbachkanals zieht sich durch die Spiegel-, Eichhorn-, Sand-, Katharinen- und Bronnbachergasse.

1. **Feuerbachkanal, unterer Strang.**

Anfang 35,64 Fuß über Nullpegel.

Ausmündung 1,38 Fuß über Nullpegel.

Auf 120 Fuß Länge 3 ☐' Querschnitt horizontal und 6,9 Fuß im Durchschnitt unter dem Pflaster.

Auf 405 Fuß Länge 5 ☐' Querschnitt mit 1,1 % Gefäll und 4,6 Fuß im Durchschnitt unter dem Pflaster.

Auf 210 Fuß Länge 4 ☐' Querschnitt mit 0,9 % Gefäll und 5,8 Fuß Durchschnitt unter dem Pflaster.

Auf 420 Fuß Länge 4 ☐' Querschnitt mit 0,57 % Gefäll und 4,5 Fuß im Durchschnitt unter dem Pflaster.

Auf 375 Fuß Länge 4 ☐' Querschnitt mit 1 % Gefäll und 3,65 Fuß im Durchschnitt unter dem Pflaster.

Auf 160 Fuß Länge 4 ☐' Querschnitt mit 0,6 % Gefäll und 3,2 Fuß im Durchschnitt unter dem Pflaster.

Auf 330 Fuß Länge 4 ☐' Querschnitt mit 1 % Gefäll und 3,2 Fuß im Durchschnitt unter dem Pflaster.

Auf 220 Fuß Länge 4 ☐' Querschnitt mit 1,25 % Gefäll und 3 Fuß im Durchschnitt unter dem Pflaster.

Auf 305 Fuß Länge 4 ☐' Querschnitt mit 2 % Gefäll und 5 Fuß im Durchschnitt unter dem Pflaster.

Auf 115 Fuß Länge 4 ☐' Querschnitt mit 3 % Gefäll und 3,65 Fuß im Durchschnitt unter dem Pflaster.

Auf 180 Fuß Länge 14,6 ☐' Querschnitt mit 1,6 % Gefäll und 11,46 Fuß im Durchschnitt unter dem Pflaster.

Auf 220 Fuß Länge 8 □' Querschnitt mit 1,4 % Gefäll und 11,8 Fuß im Durchschnitt unter dem Pflaster.

Nebenkanäle sind:

2. **Kanal der Lochgasse.**
 Anfang 32,61 Fuß über Nullpegel.
 Ausmündung 31,21 Fuß über Nullpegel.
 Auf 300 Fuß Länge 2,8 □' Querschnitt mit 0,46 % Gefäll und 4 Fuß im Durchschnitt unter dem Pflaster.

3. **Kanal der unteren Wöllergasse.**
 Anfang 33,33 Fuß über Nullpegel.
 Ausmündung 30,13 Fuß über Nullpegel.
 Auf 345 Fuß Länge 3,5 □' Querschnitt mit 0,9 Gefäll und 4,5 bis 5,5 Fuß unter dem Pflaster.
 Beifluß von Haus II. Distr. Nro. 48. Auf 100 Fuß Länge 1 □' Querschnitt mit 5 % Gefäll.

4. **Kanal der Katzengasse.**
 a) **Oberer Theil.**
  Anfang 34,36 Fuß über Nullpegel.
  Ausmündung 29,26 Fuß über Nullpegel.
  Auf 260 Fuß Länge 3,6 □' Querschnitt mit 2 % Gefäll und 3,5 Fuß bis 5,8 Fuß unter dem Pflaster.
 b) **Unterer Theil.**
  Anfang 34,36 Fuß über Nullpegel.
  Ausmündung 25,87 Fuß über Nullpegel.
  Auf 390 Fuß Länge 2 □' Querschnitt mit 2,3 % Gefäll und 3,5 Fuß bis 4,5 Fuß unter dem Pflaster.

5. **Kanal der Maulharbtsgasse.**
 Anfang 23,69 Fuß über Nullpegel.
 Ausmündung 23,06 Fuß über Nullpegel.
 Auf 95 Fuß Länge 1,5 □' Querschnitt mit 0,7 % Gefäll und 3,5 Fuß im Durchschnitt unter dem Pflaster.

6. **Kanal der Dominikanergasse.**
 Anfang 31 Fuß über Nullpegel.
 Ausmündung 22,11 Fuß über Nullpegel.
 Auf 365 Fuß Länge 2 □' Querschnitt mit 2,4 % Gefäll und 4,4 Fuß bis 3,2 Fuß unter dem Pflaster.

7. **Kanal der Katharinengasse.**
 Anfang 23 Fuß über Nullpegel.

Ausmündung 19,86 Fuß über Nullpegel.
Auf 90 Fuß Länge 1,75 ☐' Querschnitt mit 1,7 % Gefäll und 3,5 Fuß bis 4,5 Fuß unter dem Pflaster.
Auf 150 Fuß Länge 5 ☐' Querschnitt mit 1 % Gefäll und 4,5 Fuß bis 3,2 Fuß unter dem Pflaster.

8. Kanal der Häfnersgasse.
Anfang 22,28 Fuß über Nullpegel.
Ausmündung 17,12 Fuß über Nullpegel.
Auf 420 Fuß Länge 3,5 ☐' Querschnitt mit 1,25 % Gefäll und 4,5 Fuß bis 3 Fuß unter dem Pflaster.

9. Kanal der Pommersgasse.
Anfang 16,96 Fuß über Nullpegel.
Ausmündung 11 Fuß über Nullpegel.
Auf 170 Fuß Länge 3 ☐' Querschnitt mit 3,5 % Gefäll und 3,8 Fuß bis 5 Fuß unter dem Pflaster.

10. Kanal der Bankgasse.
Anfang 10,19 Fuß über Nullpegel.
Ausmündung 8,32 Fuß über Nullpegel.
Auf 160 Fuß Länge 1,7 ☐' Querschnitt mit 1,15 % Gefäll und 3 Fuß im Durchschnitt unter dem Pflaster.

Der untere Arm des Feuerbachkanals hat von der Kürnach im Bürgerspital bis zu seinem Ausfluß eine Länge von 3050 Fuß, auf welcher er ein Areal von etwa 25 Tagwerken entwässert. Seine Seitenkanäle haben eine Gesammtlänge von 2955 Fuß. Von diesem Arm des Feuerbachs kann der Kanal des Grabengäßchens gespühlt werden. Der X. Hauptkanal nimmt auf 602 Abtrittssitze, 554 Küchengüsse, 12 Hof- und Stall-Abflüsse und $3^9/_{16}$ Kubikfuß Wasser in der Minute aus der Wasserleitung.

Hauptkanal Nro. XI. Der Kanal der Marktgasse.
Derselbe beginnt auf dem Markte, durchschneidet die Bankgasse und mündet außerhalb des Holzthores in den Main.

1. Kanal der Marktgasse.
Anfang 9,28 Fuß über Nullpegel.
Ausmündung 1,07 Fuß über Nullpegel.
Auf 100 Fuß Länge 6,4 ☐' Querschnitt mit 0,43 % Gefäll und 12,1 Fuß bis 9,7 Fuß unter dem Pflaster.
Auf 30 Fuß Länge 6,4 ☐' Querschnitt mit 0,9 % Gefäll und 9,6 Fuß im Durchschnitt unter dem Pflaster.

Auf 165 Fuß Länge 6,4 ☐' Querschnitt mit 1,4 % Gefäll und 9,6 Fuß bis 5,6 Fuß unter dem Pflaster.

Auf 120 Fuß Länge 6 ☐' Querschnitt mit 2,25 % Gefäll und 5,6 Fuß bis 4,3 Fuß unter dem Pflaster.

Auf 170 Fuß Länge 7 ☐' Querschnitt mit 1,5 % Gefäll und 5,6 Fuß im Durchschnitt unter dem Pflaster.

Nebenkanäle sind:
1. Kanal der Gressengasse.
    Anfang 17,82 Fuß über Nullpegel.
    Ausmündung 8,85 Fuß über Nullpegel.
    Auf 125 Fuß Länge 2,6 ☐' Querschnitt mit 7 % Gefäll und 3,5 Fuß bis 9,7 Fuß unter dem Pflaster.
2. Kanal der Dettelbachergasse.
    Anfang 20,25 Fuß über Nullpegel.
    Ausmündung 10,98 Fuß über Nullpegel.
    Auf 130 Fuß Länge 1 ☐' Querschnitt mit 4,2 % Gefäll und 2,4 bis 6 Fuß im Durchschnitt unter dem Pflaster.
    Auf 90 Fuß Länge 5,25 ☐' Querschnitt mit 4,2 % Gefäll und 2,4 Fuß bis 6 Fuß unter dem Pflaster.
3. Beifluß aus der Bankgasse.
    Anfang 9,57 Fuß über Nullpegel.
    Ausmündung 7,57 Fuß über Nullpegel.
    Auf 55 Fuß Länge 2,7 ☐' Querschnitt mit 3,9 % Gefäll und 3,8 Fuß bis 5,6 Fuß unter dem Pflaster.
4. Kanal der Kärnergasse rechts.
    Anfang 5,19 Fuß über Nullpegel.
    Ausmündung 3,64 Fuß über Nullpegel.
    Auf 110 Fuß Länge 1 ☐' Querschnitt mit 0,5 % Gefäll und 7 Fuß bis 3 Fuß unter dem Pflaster.
    Auf 125 Fuß Länge 3 ☐' Querschnitt mit 0,8 % Gefäll und 3 Fuß bis 4,3 Fuß unter dem Pflaster.
5. Kanal der Kärnergasse links.
    Anfang 4,39 Fuß über Nullpegel.
    Ausmündung 3,33 Fuß über Nullpegel.
    Auf 80 Fuß Länge 3 ☐' Querschnitt mit 1,3 % Gefäll und 4,3 Fuß im Durchschnitt unter dem Pflaster.
6. Beifluß aus dem Holzmagazin.
    Anfang 20,90 Fuß über Nullpegel.

Ausmündung 2,90 Fuß über Nullpegel.

Auf 200 Fuß Länge offene Rinne mit 6,4 % Gefäll und auf 65 Fuß Länge 3 □' Querschnitt mit 5 % Gefäll und 2 Fuß bis 5,6 Fuß unter dem Pflaster.

Der Marktgassenkanal entwässert mit seinen Seitenkanälen ein Areal von 8 bis 10 Tagwerken und hat mit den Beiflüssen eine Gesammtlänge von 1175 laufende Fuß. Er nimmt auf 84 Abtrittssitze, 85 Küchengüsse und 2 Hof- und Stall-Abflüsse, sowie $7/_{10}$ Kubikfuß Wasser in der Minute aus der Wasserleitung.

Hauptkanal Nro. XII. Der Domgassenkanal.

Derselbe fließt auf der Grenze des II. und III. Distriktes; seine rechtseitigen Seitenkanäle entwässern einen Theil des II. Distriktes, seine linkseitigen einen Theil des III. Distriktes.

1. Kanal der Domgasse.

Anfang 30,32 Fuß über Nullpegel.

Ausmündung 0,26 Fuß über Nullpegel.

Auf 220 Fuß Länge 2,6 □' Querschnitt mit 4,5 % Gefäll und 3 Fuß bis 4 Fuß unter dem Pflaster.

Auf 310 Fuß Länge 18,9 □' Querschnitt mit 2,6 % Gefäll und 8 Fuß bis 9,5 Fuß unter dem Pflaster.

Auf 355 Fuß Länge 18 □' Querschnitt mit 0,6 % Gefäll und 9,5 Fuß bis 11,1 Fuß unter dem Pflaster.

Auf 50 Fuß Länge 16,5 □' Querschnitt mit 1,86 % Gefäll und 11,1 Fuß im Durchschnitt unter dem Pflaster.

Auf 90 Fuß Länge 16,5 □' Querschnitt 1,35 % Gefäll und 11,1 Fuß im Durchschnitt unter dem Pflaster.

Auf 100 Länge 16,5 □' Querschnitt mit 0,31 % Gefäll und 11,1 Fuß bis 6,5 Fuß im Durchschnitt unter dem Pflaster.

Auf 235 Fuß Länge 6 □' Querschnitt mit 1,25 % Gefäll und 7 Fuß im Durchschnitt unter dem Pflaster.

Nebenkanäle sind:

2. Kanal vom Kürschnerhof her.

Anfang 24,8 Fuß über Nullpegel.

Ausmündung 17,8 Fuß über Nullpegel.

Auf 100 Fuß Länge 4 □' Querschnitt mit 0,7 % Gefäll und 3,8 Fuß im Durchschnitt unter dem Pflaster.

Auf 415 Fuß Länge 5,2 □' Querschnitt mit 1,4 % Gefäll und 3,6 Fuß bis 5,5 Fuß unter dem Pflaster.

3. **Kanal der Martinsgasse.**
    Anfang 33,69 Fuß über Nullpegel.
    Ausmündung 24 Fuß über Nullpegel.
    Auf 350 Fuß Länge 2,35 ☐' Querschnitt mit 2,7 % Gefäll und 2,7 Fuß bis 3,9 Fuß unter dem Pflaster.
4. **Kanal der Blasiusgasse oberer Theil.**
    Anfang 27,51 Fuß über Nullpegel.
    Ausmündung 24 Fuß über Nullpegel.
    Auf 250 Fuß Länge 3,9 ☐' Querschnitt mit 1,4 % Gefäll und 4,1 Fuß bis 3,6 Fuß unter dem Pflaster.
5. **Kanal der Rosen- und Blasiusgasse.**
    Anfang 24,57 Fuß über Nullpegel.
    Ausmündung 15 Fuß über Nullpegel.
    Auf 325 Fuß Länge 5,1 ☐' Querschnitt mit 3 % Gefäll und 6 Fuß im Durchschnitt unter dem Pflaster.
6. **Kanal der Schustergasse.**
    Anfang 24,22 Fuß über Nullpegel.
    Ausmündung 7,74 Fuß über Nullpegel.
    Auf 125 Fuß Länge 2,25 ☐' Querschnitt mit 1,7 % Gefäll und 4,25 Fuß im Durchschnitt unter dem Pflaster.
    Auf 150 Fuß Länge 1,1 ☐' Querschnitt mit 9,5 % Gefäll und 4,75 Fuß bis 9,5 Fuß unter dem Pflaster.
7. **Kanal der Rosengasse.**
    Auf 100 Fuß Länge 2,25 ☐' Querschnitt mit 1,33 % Gefäll und 5 Fuß im Durchschnitt unter dem Pflaster.
8. **Kanal der Rehhecke.**
    Anfang 19,18 Fuß über Nullpegel.
    Ausmündung 14,76 Fuß über Nullpegel.
    Auf 120 Fuß Länge 5 ☐' Querschnitt mit 3,5 % Gefäll und 5 Fuß im Durchschnitt unter dem Pflaster.
9. **Kanal der Langgasse.**
    Anfang 16,65 Fuß über Nullpegel.
    Ausmündung 6,75 Fuß über Nullpegel.
    Auf 225 Fuß Länge 3,4 ☐' Querschnitt mit 1,3 % Gefäll und 4,5 Fuß bis 10,5 Fuß unter dem Pflaster.
    Auf 170 Fuß Länge 3,4 ☐' Querschnitt mit 2,2 % Gefäll und 10,5 Fuß bis 6,9 Fuß unter dem Pflaster.
    Auf 30 Fuß Länge 3,4 ☐' Querschnitt mit 10,8 % Gefäll und 6,9 bis 10 Fuß unter dem Pflaster.

10. Kanal vom Schenkhof her.
    Anfang 19,89 Fuß über Nullpegel.
    Ausmündung 19,09 Fuß über Nullpegel.
    Auf 100 Fuß Länge 2,7 ☐' Querschnitt mit 0,8 % Gefäll und 4,2 Fuß im Durchschnitt unter dem Pflaster.
11. Beifluß von der Rathschenke.
    Anfang 11,15 Fuß über Nullpegel.
    Ausmündung 8,05 Fuß über Nullpegel.
    Auf 135 Fuß Länge 5 ☐' Querschnitt mit 2,3 % Gefäll und 3,25 Fuß bis 6,25 Fuß unter dem Pflaster.
12. Kanal der Karmelitergasse.
    Anfang 17,97 Fuß über Nullpegel.
    Ausmündung 11,57 Fuß über Nullpegel.
    Auf 190 Fuß Länge 4 ☐' Querschnitt mit 3,3 % Gefäll und 2,75 Fuß im Durchschnitt unter dem Pflaster.
    Auf 300 Fuß 5 ☐' Querschnitt mit 2,8 % Gefäll und 2,25 Fuß bis 6,5 Fuß unter dem Pflaster.

In diesem Stadtdistrikt befinden sich noch ferner die Seitenkanäle des Hauptkanals Nro. XIII. von der Hofstraße und Marstraße her. Diese beiden Kanäle werden bei genanntem Hauptkanale aufgeführt werden.

Einschließlich dieser beiden sind im II. Stadtdistrikt:
    Kanäle von   1—2,9 ☐' Querschnitt 4095,5 Fuß.
       „   „   3—4,9 ☐'   „   7685,0 „
       „   „   5—6,9 ☐'   „   3780   „
       „   „   7—11,9 ☐'   „   2396   „
       „   „ 12—20 ☐'   „   1085   „
Ferner 200 laufende Fuß offene Rinnen, hinter dem Holzmagazine befindlich.

c) Kanäle des III. Stadtdistriktes.

Nebenkanäle des Domgassenhauptkanales.

1. Kanal der Plattnersgasse.
    Anfang 24,20 Fuß über Nullpegel.
    Ausmündung 20,15 Fuß über Nullpegel.
    Auf 150 Fuß Länge 3,5 ☐' Querschnitt mit 1 % Gefäll und 4 Fuß im Durchschnitt unter dem Pflaster.

Auf 85 Fuß Länge 3,5 ☐' Querschnitt mit 0,9 % Gefäll und 4 Fuß im Durchschnitt unter dem Pflaster.

Auf 160 Fuß Länge 3,5 ☐' Querschnitt mit 0,8 % Gefäll und 5,5 Fuß im Durchschnitt unter dem Pflaster.

Auf 60 Fuß Länge 7 ☐' Querschnitt mit 0,7 % Gefäll und 8,1 Fuß im Durchschnitt unter dem Pflaster.

2. Kanal im Bruderhof.

Anfang 24,58 Fuß unter Nullpegel.

Ausmündung 23,39 Fuß über Nullpegel.

Auf 80 Fuß Länge 1,8 ☐' Querschnitt mit 1,5 % Gefäll und 4 Fuß im Durchschnitt unter dem Pflaster.

3. Kanal im Braunshöfchen.

Anfang 25,85 Fuß über Nullpegel.

Ausmündung 23,95 Fuß über Nullpegel.

Auf 155 Fuß Länge mit 2,5 bis 3 ☐' Querschnitt mit 1,2 % Gefäll und 4 Fuß im Durchschnitt unter dem Pflaster.

4. Kanal der Arztlade.

Anfang 25,79 Fuß über Nullpegel.

Ausmündung 20,56 Fuß über Nullpegel.

Auf 100 Fuß Länge 2,5 ☐' Querschnitt mit 1,6 % Gefäll und 3,8 Fuß im Durchschnitt unter dem Pflaster.

Auf 80 Fuß Länge 3,5 ☐' Querschnitt mit 4,5 % Gefäll und 6 Fuß im Durchschnitt unter dem Pflaster.

5. Kanal der Domstraße. Parallelkanal.

Anfang 18,8 Fuß über Nullpegel.

Ausmündung 8,48 Fuß über Nullpegel.

Auf 260 Fuß Länge 3,6 ☐' Querschnitt mit 3,9 % Gefäll und 6 bis 9 Fuß im Durchschnitt unter dem Pflaster.

6. Kanal der Sterngasse.

Anfang 24,62 Fuß über Nullpegel.

Ausmündung 7,42 Fuß über Nullpegel.

Auf 135 Fuß Länge 5,6 ☐' Querschnitt mit 2,8 % Gefäll und 3,7 Fuß bis 5,4 Fuß unter dem Pflaster.

Auf 175 Fuß Länge 5,6 ☐' Querschnitt mit 2,8 % Gefäll und 7 Fuß Durchschnitt unter dem Pflaster.

Auf 110 Fuß Länge 11 ☐' Querschnitt mit 0,7 % Gefäll und 13,5 Fuß im Durchschnitt unter dem Pflaster.

Auf 180 Fuß Länge 11 ☐' Querschnitt mit 0,8 % Gefäll und 13,5 Fuß bis 9,5 Fuß unter dem Pflaster.

Vom Sternhöfchen kommt ein Seitenkanal von 80 Fuß Länge und vom Sternplatz einer von 95 Fuß Länge bei.
>Anfang 20,2 Fuß über Nullpegel.
>Ausmündung 17,19 Fuß über Nullpegel.
>Auf 95 Fuß Länge 2,1 ☐' Querschnitt mit 3,1 % Gefäll und 3,7 Fuß im Durchschnitt unter dem Pflaster.

7. Kanal der Wohlfahrtsgasse.
>Anfang 23,48 Fuß über Nullpegel.
>Ausmündung 6,75 Fuß über Nullpegel.
>Auf 110 Fuß Länge 3 ☐' Querschnitt mit 1,25 % Gefäll und 3,5 Fuß im Durchschnitt unter dem Pflaster.
>Auf 200 Fuß Länge 3,8 ☐' Querschnitt mit 1 % Gefäll und 4 Fuß im Durchschnitt unter dem Pflaster.
>Auf 210 Fuß Länge 4 ☐' Querschnitt mit 1,6 % Gefäll und 4 Fuß im Durchschnitt unter dem Pflaster.
>Auf 220 Fuß Länge 7,2 ☐' Querschnitt mit 0,8 % Gefäll und 13 Fuß im Durchschnitt unter dem Pflaster.

8. Beifluß aus dem Franziskanergäßchen.
>Anfang 23,39 Fuß über Nullpegel.
>Ausmündung 22,08 Fuß über Nullpegel.
>Auf 160 Fuß 3 ☐' Querschnitt mit 0,8 % Gefäll und 3,5 Fuß im Durchschnitt unter dem Pflaster.

9. Beifluß aus der Ursulinergasse.
>Anfang 21,89 Fuß über Nullpegel.
>Ausmündung 20,07 Fuß über Nullpegel.
>Auf 125 Fuß Länge 4 ☐' Querschnitt mit 1,5 % Gefäll und 4 Fuß im Durchschnitt unter dem Pflaster.

10. Beifluß aus der Glockengasse.
>Anfang 15 Fuß über Nullpegel.
>Ausmündung 13,6 Fuß über Nullpegel.
>Auf 155 Fuß Länge 2,6 ☐' Querschnitt mit 0,9 % Gefäll und 3 Fuß im Durchschnitt unter dem Pflaster.

11. Beifluß von der Brücke.
>Anfang 13,94 Fuß über Nullpegel.
>Ausmündung 11,42 Fuß über Nullpegel.
>Auf 95 Fuß Länge 3 ☐' Querschnitt mit 2,6 % Gefäll und 5 Fuß bis 6 Fuß unter dem Pflaster.

12. Beifluß von der Büttnersgasse.
>Anfang 12,29 Fuß über Nullpegel.

Ausmündung 11,57 Fuß über Nullpegel.

Auf 110 Fuß Länge 2 ☐′ Querschnitt mit 0,6 % Gefäll und 3,75 Fuß im Durchschnitt unter dem Pflaster.

Der Hauptkanal Nro. XII. besitzt eine Gesammtlänge, einschließlich der Seitenkanäle, von 7945 Fuß.

Er entwässert ein Areal von beiläufig 30 Tagwerken. Er nimmt auf 593 Abtrittssitze, 509 Küchengüsse, 53 Hof= und Stall-Abflüsse, und $6^3/_{32}$ Kubikfuß Wasser in der Minute aus der Wasserleitung.

Hauptkanal Nro. XIII. Der Hofgassenkanal.

Dieser Kanal liegt gleichfalls auf der Grenze des II. und III. Stadtdistriktes und mündet in den großen Kanal, der sich längs der alten Stadtbefestigung, jetzt Hofpromenade, hinzieht und in den Stadtgraben nächst der Schweizerei ausmündet, von wo aus die Weiterleitung bis zum Main in einem Graben erfolgt, dem auch der Münzgassenkanal zugeleitet ist.

1. Kanal längs der Hofpromenade bis zur Neubaugasse.

   Anfang 22,68 Fuß über Nullpegel.

   Ausmündung 20,25 Fuß über Nullpegel.

   Auf 175 Fuß Länge 51,75 ☐′ Querschnitt mit 0,28 % Gefäll und 19,7 Fuß im Durchschnitt unter dem Pflaster.

   Auf 500 Länge 57,25 ☐′ Querschnitt mit 0,36 % Gefäll und 19,7 Fuß bis 15,75 Fuß im Durchschnitt unter dem Pflaster.

   Auf 135 Fuß Länge 57,25 ☐′ Querschnitt mit 0,22 % Gefäll und 15 Fuß im Durchschnitt unter dem Pflaster.

Nebenkanäle des II. Stadtdistriktes:

2. Kanal der Hofgasse.

   Anfang 25,03 Fuß über Nullpegel.

   Ausmündung 22,19 Fuß über Nullpegel.

   Auf 820 Fuß Länge 7 ☐′ Querschnitt mit 0,44 % Gefäll und 9,25 Fuß bis 19,7 Fuß unter dem Pflaster.

3. Kanal der Maxstraße.

   Anfang 29,39 Fuß über Nullpegel.

   Ausmündung 26,51 Fuß über Nullpegel.

   Auf 270 Fuß Länge 7 ☐′ Querschnitt mit 1 % Gefäll und 9,5 Fuß im Durchschnitt unter dem Pflaster.

Nebenkanäle des III. Stadtdistriktes:

4. Beifluß aus der Kettengasse.

   a) In den Hofgassenkanal.

   Anfang 36,63 Fuß über Nullpegel.

Ausmündung 22,68 Fuß über Nullpegel.

Auf 180 Fuß Länge 8 ☐' Querschnitt mit 7 % Gefäll und 6 Fuß bis 16,2 Fuß unter dem Pflaster.

b) In den Hofpromenadekanal:

Anfang 26,18 Fuß über Nullpegel.

Ausmündung 20,55 Fuß über Nullpegel.

Auf 185 Fuß Länge 7 ☐' Querschnitt mit 3 % Gefäll und 6 Fuß bis 15,6 Fuß unter dem Pflaster.

5. **Beifluß aus der Neubaugasse.**

Anfang 23,76 Fuß über Nullpegel.

Ausmündung 20,25 Fuß über Nullpegel.

Auf 490 Fuß Länge 13,75 ☐' Querschnitt mit 0,7 % Gefäll und 9 Fuß bis 15 Fuß unter dem Pflaster.

Der XIII. Hauptkanal entwässert ein Areal von 20 bis 24 Tagwerken; er besitzt mit seinen Seitenkanälen eine Gesammtlänge von 3645 Fuß und nimmt auf: 244 Abtrittssitze, 154 Küchengüsse und 31 Hof- und Stall-Abflüsse, sowie $2^{17}/_{32}$ Kubikfuß Wasser in der Minute aus der Wasserleitung.

Hauptkanal Nro. XIV. Kanal der beiden Glockengassen. Dieser mündet wie überhaupt sämmtliche Kanäle des III. und IV. Stadtbistriktes oberhalb der Brücke in den Main, der hier wegen der Mainmühlen bei Nullpegel auf 4,078 Fuß gestaut ist. Die Kanalausmündungen beider Distrikte sind sämmtlich unter Wasser; es hat dieß zur Folge, daß die Kanäle zum größten Theile verschlammt sind.

Jeder der beiden Kanäle der Glockengasse hat eine besondere Ausmündung.

1. **Kanal der oberen Glockengasse.**

Anfang 11,35 Fuß über Nullpegel.

Ausmündung 1,65 Fuß über Nullpegel.

Auf 190 Fuß Länge 3,5 ☐' Querschnitt mit 4,5 % Gefäll und 5 Fuß bis 12,2 Fuß im Durchschnitt unter dem Pflaster.

Auf 135 Fuß Länge 6 ☐' Querschnitt mit 0,75 % Gefäll und 12,2 bis 5,04 Fuß im Durchschnitt unter dem Pflaster.

2. **Kanal der unteren Glockengasse.**

Anfang 16,83 Fuß über Nullpegel.

Ausmündung 2,81 Fuß über Nullpegel.

Auf 145 Fuß Länge 3 ☐' Querschnitt mit 6,3 % Gefäll und 4 Fuß im Durchschnitt unter dem Pflaster.

Auf 175 Fuß Länge 6,12 ☐' Querschnitt mit 2,7 % Gefäll und 4,9 Fuß im Durchschnitt unter dem Pflaster.

Diese beiden Kanäle entwässern zusammen ein Areal von etwa 2 Tagwerken, der eine ist 325 Fuß, der andere 320 Fuß lang und nehmen auf: 59 Abtrittssitze, 53 Küchengüsse, 3 Hof- und Stall-Abflüsse, sowie ¼ Kubikfuß Wasser in der Minute aus der Wasserleitung.

Hauptkanal Nro. XV. Der untere Bocksgassenkanal. Derselbe hat vom Schwanenhof her einen Zufluß und ist mit diesem 610 Fuß lang. Außerhalb des Schwanenthores erfolgt die Ausmündung in den Main.

1. Kanal der unteren Bocksgasse.
   Anfang 13,73 Fuß über Nullpegel.
   Ausmündung 1,69 Fuß über Nullpegel.
   Auf 250 Fuß Länge 2,4 □' Querschnitt mit 3,1 % Gefäll und 4 Fuß im Durchschnitt unter dem Pflaster.
   Auf 100 Fuß Länge 3,6 □' Querschnitt mit 6,2 % und 4 Fuß im Durchschnitt unter dem Pflaster.
2. Beifluß aus dem Schwanenhöfchen.
   Anfang 13,64 Fuß über Nullpegel.
   Ausmündung 5,84 Fuß über Nullpegel.
   Auf 160 Fuß Länge 3 □' Querschnitt mit 4,9 % Gefäll und 4,5 Fuß im Durchschnitt unter dem Pflaster.
3. Beifluß vom unteren Mainquai.
   Anfang 4,67 Fuß über Nullpegel.
   Ausmündung 3,34 Fuß über Nullpegel.
   Auf 100 Fuß Länge 3,5 □' Querschnitt mit 1,33 % Gefäll und 6,04 Fuß im Durchschnitt unter dem Pflaster.

Die Entwässerungsfläche dieses Hauptkanales beträgt circa 2 Tagwerke; er nimmt auf: 36 Abtrittssitze, 53 Küchengüsse, 7 Hof- und Stall-Abflüsse und 1/16 Kubikfuß Wasser in der Minute aus der Wasserleitung.

Hauptkanal Nro. XVI. Der Kanal der Augustinergasse. Der Kanal beginnt am Ende der Augustinergasse nächst dem Vierröhrenbrunnen und mündet unter dem Seufert'schen Bretterhause in den Main.

1. Augustinergassen-Kanal.
   Ursuliner- und obere Bocksgasse, Augustiner- und Büttnergasse.
   Anfang 21,99 Fuß über Nullpegel.
   Ausmündung 3 Fuß über Nullpegel.
Nebenzuflüsse am Anfange des Kanals.

Auf 80 Fuß Länge 1 ☐' Querschnitt mit 0,6 % Gefäll und 4 Fuß im Durchschnitt unter dem Pflaster.

Auf 100 Fuß 2,6 ☐' Querschnitt mit 1,57 % Gefäll und 4,1 Fuß im Durchschnitt unter dem Pflaster am Haus III. D. Nro. 365.

Auf 70 Fuß 1 ☐' Querschnitt mit 2,8 % Gefäll und 4 Fuß im Durchschnitt unter dem Pflaster am Haus III. D. Nro. 158.

Hauptkanal.

Auf 145 Fuß Länge 3,7 ☐' Querschnitt mit 0,8 % Gefäll und 4,1 Fuß im Durchschnitt unter dem Pflaster.

Auf 260 Fuß Länge 4 ☐' Querschnitt mit 1,9 % Gefäll und 3,8 Fuß Durchschnitt unter dem Pflaster.

Auf 100 Fuß Länge 3,8 ☐' Querschnitt mit 0,6 % Gefäll und 4 Fuß im Durchschnitt unter dem Pflaster.

Auf 155 Fuß Länge 9 ☐' Querschnitt mit 2,1 % Gefäll und 8 Fuß im Durchschnitt unter dem Pflaster.

Auf 90 Fuß Länge 9 ☐' Querschnitt mit 3,4 % Gefäll und 9,5 Fuß im Durchschnitt unter dem Pflaster.

Auf 135 Fuß Länge 8 ☐' Querschnitt mit 0,7 % Gefäll und 9,5 Fuß im Durchschnitt unter dem Pflaster.

Nebenkanäle sind:

2. **Beifluß aus der Wohlfahrtsgasse.**

    Anfang 21,89 Fuß über Nullpegel.

    Ausmündung 18,78 Fuß über Nullpegel.

Auf 135 Fuß Länge 4 ☐' Querschnitt mit 2,3 % Gefäll und 3,7 Fuß bis 5 Fuß unter dem Pflaster.

3. **Beifluß aus der Augustinergasse rechts.**

    Anfang 16,30 Fuß über Nullpegel.

    Ausmündung 13,77 Fuß über Nullpegel.

Auf 70 Fuß Länge 5,25 ☐' Querschnitt mit 1,7 % Gefäll und 5,3 Fuß im Durchschnitt unter dem Pflaster.

Auf 160 Fuß Länge 4 ☐' Querschnitt mit 0,8 % Gefäll und 3,8 Fuß im Durchschnitt unter dem Pflaster.

4. **Beifluß aus dem Schwanenhöfchen.**

    Anfang 16,83 Fuß über Nullpegel.

    Ausmündung 15,09 Fuß über Nullpegel.

Auf 90 Fuß Länge 1 ☐' Querschnitt mit 1,9 % Gefäll und 3,92 Fuß bis 5,3 Fuß unter dem Pflaster.

5. **Beifluß von der linken Seite der Augustinergasse.**

    Anfang 14,48 Fuß über Nullpegel.

Ausmündung 12,96 Fuß über Nullpegel.

Auf 100 Fuß Länge 2,6 ☐' Querschnitt mit 1,5 % Gefäll und 4 Fuß im Durchschnitt unter dem Pflaster.

6. **Beifluß von der Rittergasse.**

Anfang 6,48 Fuß über Nullpegel.

Ausmündung 6,19 Fuß über Nullpegel.

Auf 75 Fuß Länge 4 ☐' Querschnitt 0,4 % Gefäll und 8 Fuß im Durchschnitt unter dem Pflaster.

7. **Kanal der Büttnersgasse.**

Anfang 4,35 Fuß über Nullpegel.

Ausmündung 3,09 Fuß über Nullpegel.

Auf 480 Fuß Länge 10 ☐' Querschnitt 0,26 % Gefäll und 8 Fuß im Durchschnitt unter dem Pflaster.

Dieses Kanalsystem entwässert bei einer Länge von 2400 Fuß ein Areal von 9 bis 10 Tagwerken, und nimmt auf 153 Abtrittssitze, 180 Küchengüsse, 36 Hof- und Stall-Abflüsse, sowie $^{27}/_{32}$ Kubikfuß Wasser in der Minute aus der Wasserleitung.

Hauptkanal Nro. XVII. Der Neubaugassenkanal.

Derselbe liegt auf der Grenze des III. und IV. Distriktes; er hat vis-à-vis vom Schilbhöfchen eine Wasserscheide. Der Theil, der seinen Abfluß gegen die Hofpromenade hat, ist ein Nebenkanal vom Kanal Nro. XIII.; der Theil aber, der gegen die Büttnersgasse hin fließt, bildet den fraglichen Hauptkanal.

1. **Neubaugassenkanal.**

Anfang 23,76 Fuß über Nullpegel.

Ausmündung 2,84 Fuß über Nullpegel.

Auf 160 Fuß Länge 10 ☐' Querschnitt mit 1,5 % Gefäll und 6,5 Fuß im Durchschnitt unter dem Pflaster.

Auf 450 Fuß Länge 7 ☐' Querschnitt mit 1,1 % Gefäll und 6,5 bis 8,1 Fuß unter dem Pflaster.

Auf 210 Fuß Länge 9,9 ☐' Querschnitt mit 1,1 % Gefäll und 8,3 Fuß im Durchschnitt unter dem Pflaster.

Auf 180 Fuß Länge 7,5 ☐' Querschnitt mit 1,6 % Gefäll und 8,3 Fuß bis 4,2 Fuß unter dem Pflaster.

Auf 65 Fuß Länge 6,75 ☐' Querschnitt mit 2 % Gefäll und 5,5 Fuß im Durchschnitt unter dem Pflaster.

Auf 360 Fuß Länge 6,75 ☐' Querschnitt mit 1,5 % Gefäll und 5,5 Fuß bis 6,5 Fuß im Durchschnitt unter dem Pflaster.

Auf 45 Fuß Länge 6,75 □' Querschnitt mit 3,3 % Gefäll und 5,5 Fuß im Durchschnitt unter dem Pflaster.

Nebenkanäle sind:

2. Kanal der Kettengasse.
    a) Links vom Brunnen her.

       Anfang 33,90 Fuß über Nullpegel.

       Ausmündung 32 Fuß über Nullpegel.

    Auf 126 Fuß Länge 2,25 □' Querschnitt mit 1,25 % Gefäll und 3,2 Fuß im Durchschnitt unter dem Pflaster.

    b) Rechts.

       Anfang 36,61 Fuß über Nullpegel.

       Ausmündung 32 Fuß über Nullpegel.

    Auf 290 Fuß Länge 1 □' Querschnitt mit 1,5 Gefäll und 4 Fuß im Durchschnitt unter dem Pflaster.

3. Kanal der mittleren Kettengasse.

    Anfang 32 Fuß über Nullpegel.

    Ausmündung 29,83 Fuß über Nullpegel.

    Auf 200 Fuß Länge 2,55 □' Querschnitt mit 1 % Gefäll und 3 Fuß im Durchschnitt unter dem Pflaster.

4. Kanal der Domerpfaffengasse.

    Anfang 32,32 Fuß über Nullpegel.

    Ausmündung 27,65 Fuß über Nullpegel.

    Auf 240 Fuß Länge 1,8 □' Querschnitt mit 1 % Gefäll und 2,75 Fuß im Durchschnitt unter dem Pflaster.

    Auf 240 Fuß Länge 2,25 □' Querschnitt mit 0,9 % Gefäll und 3,3 Fuß im Durchschnitt unter dem Pflaster.

5. Kanal der Rothscheibengasse.

    Anfang 40,87 Fuß über Nullpegel.

    Ausmündung 27,65 Fuß über Nullpegel.

    Auf 110 Fuß Länge 2,6 □' Querschnitt mit 10 % Gefäll und 3,25 unter dem Pflaster.

    Auf 140 Fuß Länge 2,6 □' Querschnitt mit 1,5 % Gefäll und 2,45 unter dem Pflaster.

6. Kanal der Schüttgasse.

    Anfang 31,57 Fuß über Nullpegel.

    Ausmündung 28,35 Fuß über Nullpegel.

    Auf 180 Fuß Länge 1 □' Querschnitt mit 1,8 % Gefäll und 2 Fuß unter dem Pflaster.

7. Kanal der Domerpfaffengasse von der Hofstraße her.

Anfang 30,77 Fuß über Nullpegel.
Ausmündung 27,98 Fuß über Nullpegel.
Auf 260 Fuß Länge 4 ☐' Querschnitt mit 1 % Gefäll und 2,6 Fuß im Durchschnitt unter dem Pflaster.

8. Kanal der Ebrachergasse in der Fortsetzung der Pfaffengasse bis zur Schulgasse und Neubaugasse.
Anfang 27,98 Fuß über Nullpegel.
Ausmündung 16 Fuß über Nullpegel.
Auf 185 Fuß Länge 3,06 ☐' Querschnitt mit 1,5 % Gefäll und 3,4 Fuß im Durchschnitt unter dem Pflaster.
Auf 700 Fuß Länge 8 ☐' Querschnitt mit 0,8 % Gefäll und 3,91 Fuß bis 13,8 Fuß unter dem Pflaster.
Auf 120 Fuß Länge 11 ☐' Querschnitt mit 1,35 % Gefäll und 13,55 Fuß im Durchschnitt unter dem Pflaster.
Auf 400 Fuß Länge 11,25 ☐' Querschnitt mit 0,75 % Gefäll und 8,1 Fuß im Durchschnitt unter dem Pflaster.

9. Beifluß von der rechten Seite der Ebrachergasse.
Anfang 30,32 Fuß über Nullpegel.
Ausmündung 25,25 Fuß über Nullpegel.
Auf 265 Fuß Länge 3,5 ☐' Querschnitt mit 1,9 % Gefäll und 2 Fuß bis 3,91 Fuß unter dem Pflaster.

10. Kanal der oberen Schulgasse.
Anfang 36,92 Fuß über Nullpegel.
Ausmündung 26,26 Fuß über Nullpegel.
Auf 420 Fuß Länge 5,2 ☐' Querschnitt mit 2,5 % Gefäll und 5,65 Fuß bis 7,8 Fuß unter dem Pflaster.

11. Beifluß vom Neubauergchen her.
Anfang 30,54 Fuß über Nullpegel.
Ausmündung 25,5 Fuß über Nullpegel.
Auf 115 Fuß Länge 1,56 ☐' Querschnitt mit 4,3 % Gefäll und 4 Fuß bis 9 Fuß unter dem Pflaster.

12. Kanal der unteren Schulgasse.
Anfang 27,22 Fuß über Nullpegel.
Ausmündung 19,51 Fuß über Nullpegel.
Auf 450 Fuß Länge 3 ☐' Querschnitt mit 1,75 % Gefäll und 4 Fuß bis 13 Fuß unter dem Pflaster.

13. Kanal der Ursulinergasse.
Anfang 21,59 Fuß über Nullpegel.
Ausmündung 16,99 Fuß über Nullpegel.

Auf 210 Fuß Länge 2,6 ☐' Querschnitt mit 2,7 % Gefäll und 4,3 Fuß bis 9 Fuß unter dem Pflaster.
14. Kanal der Augustinergasse.
Anfang 14,07 Fuß über Nullpegel.
Ausmündung 9,69 Fuß über Nullpegel.
Auf 350 Fuß Länge 3,5 ☐' Querschnitt mit 1,25 % Gefäll und 3,8 Fuß bis 5,5 Fuß unter dem Pflaster.

In dem III. Stadtdistrikte sind:
Kanäle von 1—2,9 ☐' Querschnitt 3455 Fuß.
    „   „   3—4,9 ☐' „   4820 „
    „   „   5—6,9 ☐' „   1570 „
    „   „   7—11,9 ☐' „   4015 „
    „   „   12—20 ☐' „   490 „
    „   „   20—50 ☐' „   810 „

d) Kanäle des IV. Stadtdistriktes.

1. Hauptkanal Nro. XIII. Von der Hofpromenade her.
Anfang 20,25 Fuß über Nullpegel.
Ausmündung 14,57 Fuß über Nullpegel.
Auf 530 Fuß Länge 40 ☐' Querschnitt mit 1 % Gefäll und 15 Fuß bis 28 Fuß unter dem Pflaster.

2. Beifluß von der Stephansgasse.
Anfang 30,49 Fuß über Nullpegel.
Ausmündung 27,19 Fuß über Nullpegel.
Auf 125 Fuß Länge 3,7 ☐' Querschnitt mit 2,6 % Gefäll und 2,9 Fuß bis 6,3 Fuß unter dem Pflaster.

3. Beifluß aus dem Zwinger.
Anfang 32,05 Fuß über Nullpegel.
Ausmündung 21,43 Fuß über Nullpegel.
Auf 170 Fuß Länge 6 ☐' Querschnitt mit 6 % Gefäll und 5 Fuß bis 14,4 Fuß unter dem Pflaster.

Linkseitige Nebenkanäle des Hauptkanals Nro. XVII. Kanal von der Neubaugasse her.

4. Kanal des Schildhöfchens.
Anfang 27,56 Fuß über Nullpegel.
Ausmündung 24,49 Fuß über Nullpegel.
Auf 190 Fuß 3,5 ☐' Querschnitt mit 1,5 % Gefäll und 4 Fuß bis 5,97 Fuß im Durchschnitt unter dem Pflaster.

2. **Kanal vom Hörleinsgäßchen.**
   Anfang 27,05 Fuß über Nullpegel.
   Ausmündung 22,07 Fuß über Nullpegel.
   Auf 285 Fuß Länge 5,04 ☐' Querschnitt mit 1,7 % Gefäll und 4,3 Fuß bis 6, Fuß im Durchschnitt unter dem Pflaster.
3. **Parallelkanal der Neubaugasse.**
   Anfang 18,11 Fuß über Nullpegel.
   Ausmündung 10,75 Fuß über Nullpegel.
   Auf 450 Fuß Länge 7,5 ☐' Querschnitt mit 1,6 % Gefäll und 4,2 Fuß im Durchschnitt unter dem Pflaster.
4. **Kanal der oberen Johannitergasse.**
   Anfang 27,05 Fuß über Nullpegel.
   Ausmündung 18,5 Fuß über Nullpegel.
   Auf 420 Fuß Länge 5 ☐' Querschnitt mit 2 % Gefäll und 5,25 Fuß bis 7,28 Fuß im Durchschnitt unter dem Pflaster.
   Auf 80 Fuß 3,96 ☐' Querschnitt mit 1,5 % Gefäll und 4,9 Fuß im Durchschnitt unter dem Pflaster.
   Auf 270 Fuß 3,96 ☐' Querschnitt mit 0,9 % Gefäll und 3,3 Fuß im Durchschnitt unter dem Pflaster.
   Auf 200 Fuß Länge 3 ☐' Querschnitt mit 1,8 % Gefäll und 4,3 Fuß im Durchschnitt unter dem Pflaster.
5. **Beifluß aus dem Bergmeistershöfchen.**
   Anfang 25,03 Fuß über Nullpegel.
   Ausmündung 20,24 Fuß über Nullpegel.
   Auf 200 Fuß 4,2 ☐' Querschnitt mit 2,4 % Gefäll und 5 Fuß im Durchschnitt unter dem Pflaster.
6. **Beifluß aus dem Storchshöfchen.**
   Anfang 20,11 Fuß über Nullpegel.
   Ausmündung 17,45 Fuß über Nullpegel.
   Auf 85 Fuß Länge 2,1 ☐' Querschnitt mit 3,1 % Gefäll und 3,2 Fuß unter dem Pflaster.
7. **Kanal der unteren Sandergasse.**
   Anfang 20,5 Fuß über Nullpegel.
   Ausmündung 15,5 Fuß über Nullpegel.
   Auf 415 Fuß Länge 3 ☐' Querschnitt mit 1,2 % Gefäll und 2,5 Fuß im Durchschnitt unter dem Pflaster.
8. **Kanal der hinteren Johannitergasse.**
   Anfang 8,92 Fuß über Nullpegel.
   Ausmündung 4,35 Fuß über Nullpegel.

Auf 340 Fuß 4,25 ☐' Querschnitt mit 1,3 %₀ Gefäll und 9,2 Fuß bis 7 Fuß im Durchschnitt unter dem Pflaster.

9. **Kanal der Kaserngasse gegen die Büttnersgasse.**
Anfang 6,62 Fuß über Nullpegel.
Ausmündung 6,34 Fuß über Nullpegel.
Auf 200 Fuß Länge 10 ☐' Querschnitt mit 0,014 %₀ Gefäll und 10 Fuß bis 6 Fuß im Durchschnitt unter dem Pflaster.

Die Gesammtlänge des Neubaugassenhauptkanales und seiner sämmtlichen Nebenkanäle beträgt 9596 Fuß und wird von diesem Kanalsysteme eine Fläche von 40 bis 50 Tagwerken entwässert; dasselbe nimmt auf 646 Abtrittssitze, 550 Küchengüsse, 119 Hof- und Stall-Abflüsse, sowie $5^{17}/_{32}$ Kubikfuß Wasser in der Minute aus der Wasserleitung.

Hauptkanal Nro. XVIII.

1. **Kanal der Reibeltsgasse.**
Anfang 17,70 Fuß über Nullpegel.
Ausmündung 9,48 Fuß über Nullpegel.
Auf 490 Fuß Länge 3,5 ☐' Querschnitt mit 1,7 % Gefäll und 6 bis 9 Fuß im Durchschnitt unter dem Pflaster.

Dieser Kanal besitzt eine Länge von 490 Fuß und entwässert circa 1½ bis 2 Tagwerke. Seitenzuflüsse hat derselbe nicht. Er nimmt auf 25 Abtrittssitze, 29 Küchengüsse, 8 Hof- und Stall-Abflüsse und $^9/_{32}$ Kubikfuß Wasser in der Minute aus der Wasserleitung.

Hauptkanal Nro. XIX. Kanal der Rosengasse.

Dieser Kanal beginnt in der Elephantengasse, nimmt in der Sandergasse einen Leitkanal auf und mündet unter der Infanteriekaserne in den Main.

1. **Kanal der Rosengasse.**
Anfang 24,23 Fuß über Nullpegel.
Ausmündung 5,64 Fuß über Nullpegel.
Auf 200 Fuß Länge 1,5 ☐' Querschnitt mit 1,2 %₀ Gefäll und 2 Fuß im Durchschnitt unter dem Pflaster.
Auf 625 Fuß Länge 3 ☐' Querschnitt mit 1,15 %₀ Gefäll und 2 Fuß im Durchschnitt unter dem Pflaster.
Auf 75 Fuß Länge 10 ☐' Querschnitt mit 1,8 %₀ Gefäll und 9,68 Fuß im Durchschnitt unter dem Pflaster.

2. **Beifluß der Sandergasse.**
Anfang 23,40 Fuß über Nullpegel.
Ausmündung 21,76 Fuß über Nullpegel.

Auf 120 Fuß Länge 1,25 ☐' Querschnitt mit 1,3 % Gefäll und 2 Fuß im Durchschnitte unter dem Pflaster.

Dieses Kanalsystem besitzt eine Länge von 1020 Fuß und entwässert eine Fläche von 3 bis 4 Tagwerken; dasselbe nimmt auf 36 Abtrittsitze, 58 Küchengüsse, 15 Hof- und Stall-Abflüsse, sowie ³/₄ Kubikfuß Wasser in der Minute aus der Wasserleitung.

Hauptkanal Nro. XX. Kanal der Korngasse.

Derselbe beginnt in der Neuerergasse und mündet ebenfalls unter der Infanteriekaserne in den Main.

1. Kanal der Korngasse.

    Anfang 16,18 Fuß über Nullpegel.

    Ausmündung 5,64 Fuß über Nullpegel.

Auf 430 Fuß Länge 7 ☐' Querschnitt mit 1,75 % Gefäll und 6 Fuß bis 8,38 Fuß im Durchschnitt unter dem Pflaster.

Auf 75 Fuß Länge 7 ☐' Querschnitt mit 4 % Gefäll und 8,38 Fuß im Durchschnitt unter dem Pflaster.

2. Kanal der Neuerergasse.

Zwei einschühige Beiflüsse von 55 und 105 Fuß Länge, der eine mit 17,86 Fuß, der andere mit 19,25 Fuß über Nullpegel beginnend; Ausmündung derselben 16,16 Fuß über Nullpegel.

Dieses Kanalsystem entwässert bei einer Länge von 535 Fuß eine Fläche von 2—3 Tagwerken und nimmt auf: 25 Abtrittsitze, 43 Küchengüsse und 20 Hof- und Stall-Abflüsse, sowie ⅛ Kubikfuß Wasser in der Minute aus der Wasserleitung.

Hauptkanal Nro. XXI. Oberer Kaserngassenkanal.

Der Kanal beginnt in der Sandergasse und mündet unter der Infanteriekaserne in den Main.

1. Kanal der oberen Kaserngasse auf dem Petererplatz beginnend.

    Anfang 31,09 Fuß über Nullpegel.

    Ausmündung 6,68 Fuß über Nullpegel.

Auf 360 Fuß Länge 3,5 ☐' Querschnitt mit 2 % Gefäll und 3,8 Fuß im Durchschnitt unter dem Pflaster. Babersgasse.

Auf 175 Fuß Länge 4,4 ☐' Querschnitt mit 3 % Gefäll und 2,9 Fuß im Durchschnitt unter dem Pflaster. Babersgasse.

Auf 270 Fuß Länge 6 ☐' Querschnitt mit 0,27 % Gefäll und 4,3 Fuß im Durchschnitt unter dem Pflaster. Sandergasse.

Auf 500 Fuß Länge 6 ☐' Querschnitt mit 0,88 % Gefäll und 4,2 Fuß im Durchschnitt unter dem Pflaster. Obere Kaserngasse.

Auf 70 Fuß 8³/₄ ☐' Querschnitt mit 9 % Gefäll und 4,2 Fuß im Durchschnitt unter dem Pflaster.

Nebenkanäle sind:

2. Kanal der Mayersgasse.

Anfang 24,84 Fuß über Nullpegel.
Ausmündung 23,51 Fuß über Nullpegel.

Auf 170 Fuß Länge 1 ☐' Querschnitt mit 0,8 % Gefäll und 3,8 Fuß im Durchschnitt unter dem Pflaster.

3. Kanal der Sandergasse.

Rechts vom Sanderbrunnen her.

Anfang 20,89 Fuß über Nullpegel.
Ausmündung 18,4 Fuß über Nullpegel.

Auf 50 Fuß Länge 1 ☐' Querschnitt mit 2 % Gefäll und 4,35 Fuß im Durchschnitt unter dem Pflaster.

Auf 270 Fuß Länge 3 ☐' Querschnitt mit 0,5 Gefäll und 4,9 Fuß im Durchschnitt unter dem Pflaster.

Links vom Brauhause her.

Anfang 22,58 Fuß über Nullpegel.
Ausmündung 18,38 Fuß über Nullpegel.

Auf 230 Fuß Länge 1 ☐' Querschnitt mit 1,8 % Gefäll und 2,9 Fuß im Durchschnitt unter dem Pflaster.

Dieses Kanalsystem entwässert bei einer Gesammtlänge von 2195 Fuß 6 bis 8 Tagwerke und nimmt auf 51 Abtrittssitze, 89 Küchengüsse, 30 Hof= und Stall=Abflüsse, sowie ³/₄ Kubikfuß Wasser in der Minute aus der Wasserleitung.

Hauptkanal Nro. XXII. Kanal der Münzgasse.

Derselbe beginnt nächst der alten Münze und mündet im Stadt= graben in einen offenen Graben.

1. Kanal der Münzgasse.

Anfang 18,82 Fuß über Nullpegel.
Ausmündung 8,27 Fuß über Nullpegel.

Auf 350 Fuß Länge 15 ☐' Querschnitt mit 3 % Gefäll und 10,3 Fuß bis 15,76 Fuß unter dem Pflaster.

Nebenkanäle sind:

2. Kanal der Peterer Pfarrgasse.

Anfang 29,06 Fuß über Nullpegel.
Ausmündung 12,84 Fuß über Nullpegel.

Auf 430 Fuß Länge 10 ☐' Querschnitt mit 3,75 % Gefäll und 9,24 Fuß bis 16,4 Fuß im Durchschnitt unter dem Pflaster.

3. **Kanal der Rothlöwengasse.**
    Anfang 20,99 Fuß über Nullpegel.
    Ausmündung 15,98 Fuß über Nullpegel.
    Auf 215 Fuß 4,5 ☐′ Querschnitt mit 2,3 % Gefäll und 3,4 Fuß bis 12 Fuß im Durchschnitt unter dem Pflaster.
4. **Kanal vom Zwinger her.**
    Anfang 32 Fuß über Nullpegel.
    Ausmündung 27,52 Fuß über Nullpegel.
    Auf 180 Fuß Länge 2,4 ☐′ Querschnitt mit 2,5 % Gefäll und 3,7 Fuß im Durchschnitt unter dem Pflaster.

Dieses Kanalsystem hat eine Länge von 1175 Fuß und entwässert ein Areal von 6—8 Tagwerken. Dasselbe nimmt auf 107 Abtrittssitze, 100 Küchengüsse, 33 Hof- und Stall-Abflüsse, sowie $1^{3}/_{16}$ Kubikfuß Wasser in der Minute aus der Wasserleitung.

In dem IV. Stadtdistrikt sind:

Kanäle von	1—2,9 ☐′	Querschnitt	1195	Fuß.
" "	3—4,9 ☐′	"	3955	"
" "	5—6,9 ☐′	"	1645	"
" "	7—11,9 ☐′	"	1730	"
" "	12—20 ☐′	"	350	"
" "	20—50 ☐′	"	530	"

In welchem baulichen Zustande die einzelnen Kanäle sich befinden, wann und mit welchen Kosten sie hergestellt worden sind, gibt die Anlage III. 1—22 näheren Aufschluß.

§ 5. Beschreibung der Nebenanlagen, als Straßen-Einläufe, Einsteig- und Reinigungsschächte, Zuleitungen.

Zur Ableitung des Regenwassers von den Straßen sind in entsprechender Entfernung in der Mitte der Straßenrinnen Schlitzsteine angebracht, die mit einem kleinen Seitenkanal gewöhnlich aus schützigen Rinnsteinen mit dem Straßenkanal in Verbindung stehen.

Zur Erleichterung der Reinigung und zum Einsteigen in die schlüpf- und begehbaren Kanäle sind Einsteigschachte in angemessenen Entfernungen angebracht.

Die Seitenkanäle sind Privateigenthum. Zur Ausführung derselben ist die Bewilligung der städtischen Behörden erforderlich, welche von gewissen allgemeinen Bedingungen, die der Petent bei seinem Gesuch unterschriftlich anzuerkennen hat, abhängig ist.

Nach einer dieser Bedingungen sind die Seitenkanäle mit gespundeten schuhigen Rinnsteinen wasserdicht herzustellen.

Man kann als Regel annehmen, daß die Privatleitungen aus solchem Material hergestellt sind.

Die seichte Lage der meisten Hauptkanäle trägt die Schuld, daß die Seitenkanäle ein geringes Gefäll haben und daher bei Mangel eines reichlichen Wasserzuflusses häufigen Verstopfungen unterworfen sind. Die meisten Seitenkanäle haben keine Abschlußvorrichtung und ermöglichen so das Aufsteigen der schädlichen Kanalluft durch die Abtrittsschläuche in das Innere der Wohnungen.

Die Herstellung und die Reinigung der Privatkanäle geschieht auf Kosten der Eigenthümer, während die Kosten der Reinigung öffentlicher Kanäle auf Grund einer fürstbischöflichen Verordnung vom 17. Februar 1774 (Würzburger Landesverordnung Titel 5. S. 784) zu gleichen Theilen von der Stadt und den Abjacenten getragen und der Betrag für den Einzelnen nach der Anzahl der zugeleiteten Abtrittsitze und Güsse berechnet wird.

II. Abschnitt.

§ 6. Nachtheile der bestehenden Kanalisirung.

Die im Abschnitt I. beschriebene Kanalisirung der Stadt Würzburg ist nicht in einem solchen Zustand, daß sie ihrem Zweck in vollem Maaß entspricht, vielmehr bedarf dieselbe vielfacher Verbesserungen.

Welche Verbesserungen nothwendig sind, und wie dringend deren Durchführung ist, wird man erst dann erörtern können, wenn man sich über alle Mißstände klar gemacht hat.

Im Folgenden werden diese in Kürze näher bezeichnet.

1. Die Kanalisirung ist noch nicht in allen Straßen durchgeführt, und besteht noch in verschiedenen Straßen der Mißstand, daß das Gußwasser aus den Häusern auf langen Strecken offen in den Straßenrinnen abfließt, und im Winter die Passage gefährdende Eisbildungen verursacht, so zum Beispiel in der Kärners-, Reisgruben-, Stephans-, Fischergasse.

2. Es bestehen noch offene Kloaken, welche im Sommer durch ihre Ausdünstung und ekelerregenden Anblick lästig sind; als solche Kloaken sind zu bezeichnen: die Wassergräben am Fuß der Stadtbefestigung längs des Mainviertels und der Abfluß der Kanalisirung hinter dem alten Bahnhof längs der Gärten der Häuser 1. Distrikt Nro. 102 und 103.

3. In der Pleichach und Kürnach, denen viele Kanäle zugeleitet sind, lagert sich viel Schlamm und Unrath ab, der bei kleinen Wasserständen üble Ausdünstung verursacht und die jährliche Bachreinigung sehr erschwert. Die Ursache dieses Mißstandes liegt darin, daß die Bachsohlen nicht nach einem regelmäßigen Gefäll abplanirt und geplattet sind, so daß die Vertiefungen in den Sohlen sich mit Schlamm ausfüllen müssen.

4. Wasserdichtigkeit haben nur wenige Kanäle, in Folge dessen bringt die Jauche in den Boden. Hieburch findet eine Verunreinigung des Untergrundes statt, der mit der Zeit eine solche Ausdehnung annehmen kann, daß das Wasser der Pumpbrunnen ungenießbar wird.

5. Seit Einführung der Wasserleitung kommen öfters Fälle vor, daß Kanäle, welche keine feste Sohle haben, unterspült werden und in sich zusammenstürzen, wodurch Störungen in der Passage eintreten.

6. Die Kanäle dienen den Ratten zum Aufenthalt. Bei dem schlechten Zustand des Mauerwerks vieler Kanäle unterwühlen die Ratten dasselbe und machen ständige Reparaturen nothwendig.

7. Ursprünglich waren die meisten Kanäle nur zur Ableitung von Wasser bestimmt und deßhalb zur Ersparung von Kosten in kleinen Dimensionen ausgeführt. In Folge der Abtrittszuleitungen verstopfen sich nun diese Kanäle häufig.

8. Der Mangel einer systematischen Anlage in Beziehung auf die Kanalform und das Gefäll ist häufig Ursache von starker Verschlammung der Kanäle, wodurch diese in lange, die Straßen durchziehende Abtrittsgruben umgewandelt werden.

9. Die Kanäle der tief gelegenen Stadttheile und die Kanalausflüsse in den Main werden alljährlich öfters inundirt, wobei die daselbst eintretende Stauung den Abfluß hindert und die Verschlammung bewirkt.

10. Die Reinigung derjenigen Kanäle, welche zur Zeit nicht gespühlt werden können, muß durch Handarbeit geschehen, bei welcher in der Regel das Straßenpflaster aufgebrochen werden muß, was mit Störungen für den Verkehr verbunden ist und die Erhaltung eines guten Pflasters sehr erschwert.

11. Die Straßeneinläufe sind wegen ihrer fehlerhaften Konstruktion häufigen Verstopfungen durch den vom Regen zugeführten Straßensand und Straßenstaub, den die Kalkpflastersteine in reichlichem Maaße liefern, unterworfen.

12. In Folge der seichten Lage der Straßenkanäle haben die Abflüsse aus den Häusern wenig Gefäll und überfüllen sich mit Koth; bei dem Mangel geeigneter Vorrichtungen steigt die Kanalluft durch die Abtrittsschläuche in das Innere der Wohnungen und gefährdet die Gesundheit der Hausbewohner, oder belästigt dieselben wenigstens auf eine sehr unangenehme Weise.

13. Seit Einführung der Wasserleitung werden die in hiesiger Stadt befindlichen Pumpbrunnen sehr wenig benützt, und erhält sich deshalb das Grundwasser auf seiner natürlichen Höhe; in Folge dessen sind viele Keller der Stadt inundirt. Die Trockenlegung kann wegen der seichten Lage der Kanäle nicht stattfinden.

Daß die in Vorstehendem beschriebenen Zustände die Salubrität der Stadt gefährden und daher Abhülfe geboten ist, wird zugestanden werden müssen; es fragt sich nur, auf welche Weise dies am besten und zweckmäßigsten geschehen kann.

III. Abschnitt.

Verbesserungs-Vorschläge.

§ 7. Wahl des Systems.

Die zu lösende Aufgabe läßt sich vor Allem kurz in Folgendem bezeichnen:

1) Alle flüssigen und festen Abfallstoffe, die durch ihre Ansammlung und Verwesung in der Nähe menschlicher Wohnungen belästigend und gesundheitsschädlich wirken, noch vor eingetretener Zersetzung aus dem Bereiche der Wohnungen und Straßen der Stadt zu entfernen; unter die zu beseitigenden Stoffe gehört: das abfallende Regenwasser, die Abflüsse der Küchen, Werkstätten, Ställe, Abtritte ꝛc.

2. Die Erdschichten des Untergrundes der Stadt und die Quellen vor Verunreinigung zu sichern und

3. Wenn möglich die Keller zu entwässern und die Grundmauern der Wohngebäude vor übergroßer Feuchtigkeit zu bewahren.

Von den Mitteln, mit denen sich diese Zwecke anstreben lassen, kömmt nun unseres Dafürhaltens in erster Reihe ein System in Betracht, welches die gestellte Aufgabe durch Kanalisirung mit Spühlung, d. h. durch tief liegende, wasserdichte Kanäle von entsprechender Größe, mit ausreichendem Gefäll und kräftiger Spühlung zu lösen sucht. Eine nach diesem Prinzip durchgeführte Kanalisirung (Schwemmsystem) entspricht am meisten den vom Standpunkt der öffentlichen Gesundheitspflege zu stellenden Anforderungen, ist bei den entsprechenden Terrain- und Wasserverhältnissen am einfachsten durchzuführen und erfordert zugleich den geringsten Aufwand an Mitteln.

Der einzige Einwand, der sich dagegen erheben läßt, besteht darin, daß die etwa als Düngemittel brauchbaren Stoffe während ihrer Bewegung in den Kanälen in einer so großen Wassermasse aufgelöst werden, daß von ihrer Verwendung für die Landwirthschaft keine Rede mehr sein kann.

Einige Städte haben sich in neuester Zeit für ein anderes System, das sog. Grubensystem entschieden, wie z. B. Mainz, welches die fernere Benützung der Stadtkanäle zur Ableitung der Abtritts-Excremente durch Reglement vom 2. Januar 1866, welches die Anlage IV. bildet, strengstens untersagt hat.

Auch sprechen sich viele Stimmen für das System aus, das im hiesigen Bahnhofe zur Durchführung gelangt ist (Tonnen- oder Kübelsystem).

Nach diesem werden die Abfallstoffe in transportable Abtrittskübel, welche in kürzeren Zeiträumen weggenommen und durch frische ersetzt werden, aufgefangen. Gegen die beiden letztgenannten Systeme ist jedoch zu bemerken:

Bei den festen Gruben ist die Entleerung mit Belästigung und Schwierigkeiten verbunden, auch kann die Ausführung nicht leicht für die Dauer ganz wasserdicht erfolgen; bei den transportabeln Abtrittskübeln werden zwar diese Nachtheile vermieden, allein die öftere Auswechslung der Kübel ist ebenfalls sehr beschwerlich und kostspielig; zudem kann bei keinem dieser beiden Systeme die Kanalisirung entbehrt werden, da die Abführung der Abwässer und die Entwässerung der Keller eine solche unbedingt nöthig macht.

Durch Ausführung eines zweckentsprechenden Kanalsystems wird daher nichts versäumt, weil die Durchführung der transportablen Abtrittskübel oder eines anderen zweckmäßigeren Systems ohne Kanalleitung nicht gedacht werden kann.

Bei den günstigen Gefälls-Verhältnissen und dem felsigen Untergrund der Stadt Würzburg, ferner bei der großen Quantität Spühlwasser, welches zur Reinhaltung der Kanäle verwendet werden kann, und bei der bereits vorhandenen großen Ausdehnung der Kanalisirung ist die Anlage eines Schwemmsystems für die hiesige Stadt die beste Einrichtung. Es fallen alle Einreden gegen dieses System weg, welche man demselben in der Regel zum Vorwurf macht, nämlich Mangel an genügendem Gefäll, ungenügendem Spühlwasser und erschwerter Ausführung der Wasserdichtigkeit der Kanäle. Ferner hat es hier keine Schwierigkeit, mit der Kanalisirung der Straßen auch eine selbstwirkende Drainirung des Untergrundes zu verbinden.

§ 8. Technische Grundsätze über die Anlage und Ausführung der Kanäle.
1. Spühlung.

Die fortgesetzte Reinhaltung der Kanäle muß vom sanitätischen Standpunkte aus unerläßlich gefordert werden; deshalb ist die erste und hauptsächlichste Rücksicht bei der Kanalanlage die Gewinnung möglichst großer Spühlkraft.

Die Spühlung der Kanäle durch das Regenwasser ist erfahrungsgemäß nicht genügend. Deswegen wird bei den großen Kanalanlagen in England und Norddeutschland die Spühlung mit dem Kanalwasser bewerkstelligt. Es setzt dies reichhaltige Wasserleitungen voraus. Wenn von diesen für jeden Einwohner in 24 Stunden 5 Kubikfuß Wasser geliefert werden, so gilt dies als ausreichend, die Spühlung der Kanäle mit dem Kanalwasser selbst vorzunehmen; nur wird verlangt, daß alle schwereren Stoffe, als Sand ec. durch Schlammfänge von den Kanälen fern gehalten und alle Excremente in flüssigem Zustande zugeleitet werden.

Diese Spühlungsart beruht auf folgender Einrichtung.

Werden in den größeren Kanälen von Strecke zu Strecke Thüren angebracht, welche wasserdicht schließen, und gegen unten sich plötzlich öffnen lassen, so ist die Möglichkeit gegeben, das von oben zufließende Wasser auf eine gewisse Höhe anzusammeln und dasselbe durch Oeffnen der Thüre schnell abfließen zu lassen. Diese Art der Spühlung ist für Würzburg unausführbar und jedenfalls nicht zu empfehlen.

Nicht nur, daß das Aufstauen der Flüssigkeiten zu Stoffablagerungen oberhalb der Thüren (Spühl-Schleußen) führt, daß dieses Spühlungsverfahren ziemlich complicirt ist und einer sorgfältigen Ueberwachung bedarf, so muß dasselbe schon um deswillen als unausführbar erklärt werden, weil einestheils das aus der Wasserleitung zufließende Spühlwasser erst 3 Kubikfuß auf den Bewohner beträgt, und anderntheils bei dem starken Gebrauch des Sandes dessen Fernhaltung aus den Kanälen schwer durchführbar ist; zudem setzt die flüssige Zuleitung der Abtritts-Excremente die allgemeine Einführung der Wasserleitung in specie der Water-Closets voraus, auf die vorerst nicht gerechnet werden kann.

Die Einrichtung muß daher so getroffen werden, daß die Spühlung mit Wasser, das von Außen zugeleitet wird, die vollständige und gründliche Reinigung der Straßenkanäle zeitweise bewirkt.

Diese Art Spühlung erfolgt durch Zuleitung großer Wasserquantitäten aus den Bächen oder dem Maine; nur abgelegene kleinere Seitenkanäle werden mit dem Wasser der Wasserleitung und mit Anwendung eines starken Gefälles reingehalten. Da wo diese Verhältnisse für eine größere Ausdehnung des Kanalsystems zu beobachten sind, werden in den höheren Theilen der Stadt Wasser-Reservoirs anzulegen sein und von diesen aus die Spühlungen vorgenommen werden müssen.

In dieser Weise sind nur die Kanäle des V. Stadtbistriktes zu spühlen, während für den Stadttheil diesseits des Maines sowohl der Fluß als auch die beiden Stadtbäche die beste Gelegenheit zu einer kräftigen Spühlung bieten.

Der Main hat nach Anlage V^1. auf die Länge der Stadt bei kleinstem Wasser ein Gefäll von 4,210 Fuß. Dieses Gefäll ist durch die Stauanlage oberhalb der Brücke vor der unteren Mainmühle auf 4,068 Fuß concentrirt.

Wird nun längs der Büttnersgasse bis zur Ausmündung der Pleichach in den Main ein Sammelkanal, in den alle Seitenkanäle einmünden, angelegt, sein Anfang auf + 3,47, seine Ausmündung aber in gleicher Höhe mit der Pleichach auf + 0,32, sohin mit 0,1 % Gefäll bestimmt, und an seinem Anfange in der Büttnersgasse mit dem Main verbunden, so muß, da seine Sohle etwa einen halben Fuß unter dem kleinsten Wasserstand des Maines zu liegen kommt, in denselben Mainwasser abfließen, welches denselben reinhalten und jede Schlammablagerung und jeden Rückstau in die Nebenkanäle verhindern wird.

Dieser Wasserzufluß wird je nach den Wasserständen des Maines ein stärkerer oder schwächerer sein. Anlage V^2 gibt hierüber Aufklärung. Dieselbe enthält eine Berechnung der durchschnittlichen Dauer der verschiedenen Wasserhöhen des Maines vom Jahre 1840—1865.

Die Spühlung der übrigen Kanäle ist mit der Kürnach zu bewerkstelligen. Dieser Bach hat eine Wassermasse von 4—12 Kubikfuß in der Secunde, was im Durchschnitt einer Spühlwasser-Quantität von circa

20 Kubikfuß für den Einwohner entspricht. Derselbe tritt in einer Höhe von 44,68 Fuß über 0 Pegel in die Stadt.

Keine Straße unterhalb des Residenzplatzes liegt höher als dieser Wasserspiegel, und es sind die Höhenlagen der Straßen so günstig, daß dieses Wasser überall hingeleitet werden kann, ohne die Kanäle ungünstig seicht oder übermäßig tief anlegen zu müssen, wie man in Folgendem nachweisen wird.

Die Spühlung durch das Wasser der Kürnach ist aber auch ausführbar. Es besitzt nämlich die Stadt das Recht, vom 1. Mai bis 1. October jeden Samstag von 2 bis 4 Uhr Mittag die Kürnach vor der Bürgerspitalmühle abschlagen zu dürfen. Nach den bis jetzt gemachten Erfahrungen war die Zeit von 2 Stunden zur Spühlung der alten Feuerbäche genügend. Diese haben beiläufig gleiche Länge wie die Kanäle eines der unten projektirten fünf Spühlsysteme. Es fragt sich nun, wie oft jedes System in der Woche gespühlt werden soll. Diese Frage wird nur mit Rücksicht auf die sanitätischen Verhältnisse zu beantworten sein; da bei richtiger Wahl des Querschnitts der Kanäle das regelmäßig abfließende Wasser der Wasserleitung jede Schlammablagerung überdeckt, und bei der ständigen Erneuerung dieses Wassers der Gährungsprozeß nicht rasch eintreten kann, dürfte es als ausreichend erachtet werden, wenn allwöchentlich die Reinspühlung der Kanäle erfolgt. Damit sei aber nicht gesagt, daß bei epidemischen Erscheinungen eine vermehrte Spühlung nicht eintreten soll.

Für gewöhnliche Verhältnisse wird daher wöchentlich eine Spühlzeit von 10—12 Stunden genügen.

Wird nun diese Zeit auf 5 Wochentage vertheilt, so daß täglich ein anderes System gereinigt wird, so erreicht man den Vortheil, daß der Sammelkanal täglich, die Nebenkanäle aber wöchentlich wenigstens einmal gespühlt werden, wodurch gewiß allen sanitätischen Anforderungen Genüge geleistet ist.

Bei epidemischen Erscheinungen kann die tägliche Spühlzeit auf je 3 und 4 Stunden verlängert werden; es wird überhaupt die Erfahrung den Spühlbetrieb am besten regeln; manche Kanalstränge werden kräftigerer, andere geringerer Spühlungen bedürfen.

Bei den Spühlungen sind betheiligt:
        1. die Karthäuser-,
        2. die Bürgerspital-,
        3. die Juliusspital- und
        4. die Pfaffen-Mühle.

Da ein jedes Mühlwerk täglich auf kurze Zeit still stehen muß, um es für den weiteren Betrieb in Stand zu setzen, und diese Zeit mit der Spühlung zusammenfallen kann, so werden die Mühlbesitzer durch die Spühlung wenig benachtheiligt, und wird es deshalb keine erheblichen Schwierigkeiten haben, mit den Mühlbesitzern wegen Zulassung der Spühlung ein Abkommen zu treffen. Zur Zeit werden für Unterhaltung, Reparatur und Reinigung der Kanäle circa 2600 fl. verausgabt; hievon absorbirt die Reinigung den größten Theil. Die durchgeführte Kanalspühlung wird die Reinigungsarbeiten zum größten Theile beseitigen und vollen Ersatz für den auf Entschädigung der Müller erwachsenden Aufwand bieten.

2. Gefäll.

Besonders wichtig ist ferner das Gefäll der Kanäle, da von ihm nicht nur die gehörige Wirksamkeit derselben überhaupt, sondern auch alle übrigen Dimensionen abhängen.

Das Gefäll bedingt die Geschwindigkeit, mit der die Stoffe abfließen. Es muß aber diese Geschwindigkeit ein gewisses Maaß erreichen, damit alle jene Stoffe, welche außer dem Wasser regelmäßig oder unversehens in die Kanäle gelangen, sich nicht festsetzen, sondern weiter bewegt werden.

Als Regel gilt, daß bei größeren Kanälen eine Geschwindigkeit von 2—2½ Fuß alle jene Gegenstände in Bewegung setzt, welche ihrer Natur und Größe nach in die Kanäle gelangen können; bei mittelgroßen Kanälen soll die Abflußgeschwindigkeit nicht unter 3 Fuß, und bei kleinen Kanälen nicht unter 3½ Fuß per Sekunde betragen.

Wie bereits angegeben, besteht für das Mainviertel auf der kürzesten Linie vom höchsten Punkt bis zum Maine ein relatives Gefäll von 7 %, für die Stadt diesseits des Maines ein solches von 2 %. Da dieses Gefäll auf lange parallel mit dem Maine laufende Querstraßen vertheilt werden muß, so reducirt sich dasselbe in solcher Weise, daß, einzelne kurze Strecken ausgenommen, die nur den Zweck haben, das Spühlwasser von einem Kanal zum anderen zu leiten, das Minimalgefäll für die kleineren Kanäle 0,3 % beträgt, welchem nach der in der Anlage VI. aufgestellten Berechnung eine Geschwindigkeit von 4 Fuß per Sekunde entspricht; in der größeren Ausdehnung bestehen größere Gefällsverhältnisse.

Die Sammelkanäle haben als geringste Geschwindigkeit 3 Fuß, die mittelgroßen Kanäle 4 Fuß; bei den Spühlungen mit von Außen zugeleitetem Wasser wird sich diese aber wesentlich verstärken.

In der Anlage VI. ist auch eine Berechnung aufgestellt, welche Geschwindigkeiten den verschiedenen Gefällen bei den in Vorschlag gebrachten Kanalprofilen entsprechen.

Bei der Beschreibung der einzelnen Kanäle findet sich deren Größe und Gefälls-Verhältniß, so daß aus der Anlage VI. die Geschwindigkeit für jeden Kanal entnommen werden muß.

3. Profil der Kanäle und deren Nebenanlagen.

Bei Bestimmung des Profiles eines Kanals ist vor Allem die durch denselben abfließende Wassermenge bestimmend, da das Produkt aus der Geschwindigkeit mit der Quadratfläche des Profiles der abzuführenden Wassermenge gleichkommen muß.

Bei ganz ausgedehnten Anlagen und bei beschränkter Spühlwasser-Quantität wird die Größe des Profiles des Kostenpunktes wegen durch Rechnung festgestellt.

Da hier wegen bedeutenden Spühlwassers und wegen des Umstandes, daß mit der Abhaltung von Sand oder sonstigen Sinkstoffen weniger ängstlich verfahren werden soll, für die kleinen und mittelgroßen Kanalstränge statt der anderwärts in Anwendung gebrachten glasirten Thonröhren-Kanäle ausgeführt werden sollen, deren Größe zur Aufnahme des bei heftigem Gewitter fallenden Regens mehr als ausreichend ist, so erachtet man eine rechnerische Bestimmung der Größe dieser Kanäle nicht für geboten.

Dagegen ist diese für den Sammelkanal des sicheren Erfolges wegen nothwendig. Das bei Regenwasser zufließende Wasser wird die gewöhnlichen Zuflüsse weit übersteigen und seine Masse wird daher bei Bestimmung des Kanalprofiles maßgebend sein.

Als das Maximum der Regenhöhe kann ein Dezimalzoll für die Stunde in hiesiger Stadt gelten.

Von diesem Quantum werden durch Versickerung und Verdunstung erfahrungsgemäß etwa 50 % abgehen und der Rest dem Kanal zugeführt werden.

Bezeichnet F. die Fläche, von welcher das Wasser in den Kanal gelangt, für den unteren Sammelkanal der Stadtseite diesseits des Maines gleich 400 Tagwerken, d den Durchmesser des kreisförmigen Kanales in Fuß, G den Fall pro 1000 Fuß Länge 1′, so ist nach den von Bosard of health aufgestellten Regeln, der als höchste in einer Stunde fallende Regenmenge 0,1 Fuß annimmt, von der aber nur 0,05 Fuß den Kanälen zugeführt werden,

$$\log d = \frac{3 \log F - \log G - 0{,}05}{10}.$$

$$d = 6{,}034 \text{ Fuß}$$

Hieraus berechnet sich der Quadrat=Inhalt gleich

$$\frac{d^2 \pi}{4} = \frac{d^2 \times 3{,}14}{4} = 28{,}5 \ \square'.$$

Das in Vorschlag gebrachte Profil ist in der Anlage VIII. Blatt I. Profil III. enthalten und hat einen Quadrat=Inhalt von nur 14,4 $\square'$. Eine Vergrößerung bis zu 28,5 $\square'$ dürfte aber aus dem Grund nicht geboten sein, weil der Sammelkanal an verschiedenen Stellen Regenausflüsse gegen den Main erhalten wird, die den Kanal gegen Ueberfüllung sichern.

Mit dieser Fläche wird der Kanal übrigens groß genug, um in demselben gehen und arbeiten zu können.

Alle Kanäle begehbar zu machen, kann des Kostenpunktes wegen nicht durchgeführt werden. Deshalb nimmt man hievon Umgang und trifft eine Einrichtung, mit welcher man die Reinhaltung der kleineren Straßenkanäle überwachen und die Spühlung derselben reguliren kann.

Es werden an nicht zu weit von einander entfernten Punkten Einsteigschachte angebracht, in denen man bis zur Sohle der Kanäle hinabsteigen und von denen aus man die Kanäle von einem Einsteigschachte zum andern durchschauen kann.

Wo die Entfernung zweier Schächte größer als 200—250 Fuß ist, wird zwischen beiden noch ein Lampenloch angelegt, in welches zur Beleuchtung des Inneren des Kanals eine Blendlaterne eingestellt werden kann.

Um aber den bezielten Zweck zu erreichen, muß der Kanal zwischen dem Einsteigschachte und dem Lampenloche gerade sein; es darf also weder die Richtung noch das Gefälle wechseln.

Die Construction und die Dimensionen der Einsteigschachte und Lampenlöcher sind in der Anlage VIII. Blatt II. und III. enthalten.

Da in den Einsteigschächten die verschiedenen kleineren Kanäle sich nach den verschiedenen Straßenrichtungen abzweigen, so sind in denselben die Vorrichtungen, um bei der Spühlung das Wasser überall hinleiten zu können, anzubringen; dieselben bestehen einfach aus Schützen=Vorrichtungen, am besten aus Gußeisen.

Auch die begehbaren Kanäle erhalten in passender Entfernung Einsteigschachte, von welchen aus der Zutritt stattfindet. Zur Erleichterung des Zutrittes werden in denselben Steigeisen angebracht.

Das Mannloch nach der Straße etwa 2 Fuß im Quadrat wird mit einem eisernen Deckel in eiserner Zarge, ähnlich wie die Nothpfosten des Wasserwerkes, geschlossen gehalten.

Wie bereits oben bemerkt, ist bei der Größe der Kanäle und der vorhandenen kräftigen Spühlung nicht so ängstlich darüber zu wachen, daß alle Sinkstoffe zurückgehalten werden.

Man ist deshalb der Ansicht, von der in anderen Städten gebräuchlichen, und in der Anlage VIII. Blatt III. dargestellten Einrichtung der Rinnenläufe Umgang zu nehmen, weil die ständige Reinigung der sog. Schlammkästen kostspielig und im Winter oft unausführbar ist; dagegen ist darauf zu sehen, daß die Schlitze der Rinneinläufe nicht zu breit werden, damit keine Steine in den Kanal gelangen. Eine zweckmäßige Vorrichtung für Abhaltung der Kanalluft durch die Schlitzsteine bilden die in London gebräuchlichen von Bunnet erfundenen wasserdichten Verschlüsse der Kanalöffnungen; dieselben sind mit einem Gegengewicht so bemessen, daß sich ein gebogener Deckel nicht eher nach unten öffnet, bis sich der Trichter auf eine gewisse Höhe mit Wasser, Sand oder Kehrigt gefüllt hat, und dadurch ist sein Verschluß unter Wasser gesetzt und ganz luftdicht. Besondere Einrichtungen für Lüftung der Kanäle erachtet man ebenfalls nicht für geboten, weil bei einer allgemeinen Einführung der Dachrinnen, welche der Reinhaltung der Privatkanäle wegen nicht gut entbehrt werden können, die bis zu den Dachrinnen führenden Abfallröhren die Kanäle ständig und sicher ventiliren.

4. Bauconstruction.

Als beste Form für die Kanäle gilt der eiförmige, mit der Spitze nach unten gerichtete Querschnitt.

Solche Kanäle sind bezüglich der Ausführung die wohlfeilsten, bezüglich ihrer Dauerhaftigkeit die solidesten und halten sich am besten rein; denn einestheils werden die Sinkstoffe in einer schmalen Rinne zusammengehalten, von dem durchfließenden Wasser stets gedeckt gehalten und leichter in Bewegung gebracht, anderntheils bieten die etwa festgesetzten Sinkstoffe der Reinigung durch Hände bessere Angriffspunkte. Diese Vortheile werden aber wesentlich unterstützt durch eine exacte Ausführung, bei der sowohl die Sohle als auch die Wandungen auf der Höhe des Wasserflusses glatte Flächen bilden. Deshalb wird, weil diese

Anforderungen mit Bruchsteinen nicht zu erreichen sind, die Backstein- und Haustein-Construction zu wählen sein.

Es sind bezüglich der Größe der Kanäle drei Klassen angenommen, deren Profile in der Anlage VIII. Blatt I. und II. enthalten sind.

Die III. Klasse ist bei einer Höhe von 5,5 Fuß am Gewölbeanfang 3,5 Fuß breit und hat einen Querschnitt von 14,40 Quadratfuß.

Die II. Klasse ist bei einer Höhe von 3,75 Fuß am Gewölbeanfang 2,5 Fuß breit und hat einen Querschnitt von 7,30 Quadratfuß.

Die I. Klasse ist bei einer Höhe von 3,37 Fuß am Gewölbeanfang 2,25 Fuß breit und hat einen Querschnitt von 5,95 Quadratfuß.

Wie in Vorstehendem bemerkt, müssen die Kanäle im Innern glatte Flächen haben, ferner erheischen die sanitätischen Rücksichten Wasserdichtigkeit. Die großen Opfer, welche der Stadt durch die Ausführung der Kanäle erwachsen, die Wichtigkeit der ganzen Anlage für den Gesundheitszustand der Stadt machen es zur Bedingung, die Ausführung in einer solchen Weise zu bewerkstelligen, daß Reparaturen so viel als nur möglich in späterer Zeit ausgeschlossen werden und deren unveränderte Existenz für alle Zeiten gesichert ist.

Es ist deshalb die Wahl des Materials so wichtig, als die exacte Ausführung der Arbeit.

In England, Frankreich und Norddeutschland werden zu den Kanalausführungen Backsteine verwendet. Die Backsteine sind besonders chablonirt, gut geformt und hart gebrannt und dürfen keine Feuchtigkeit aufsaugen.

In hiesiger Gegend ist die Bereitung brauchbarer Backsteine erst im Entstehen und deßhalb erscheint es nicht gerathen, eine Bauanlage, die für Jahrhunderte bestimmt ist, mit einem unsicheren Materiale auszuführen.

Dagegen ist die hiesige Gegend reich an wasserbeständigen, dichten Kalksteinquadern, deren Beschaffenheit um Weniges theuerer zu stehen kommt, als Cementbackstein-Mauerwerk. Bei der Wahl dieses Materials tritt aber der weitere Vortheil ein, daß die Anlage verhältnißmäßig wenig Fugen erhält, welche mit Portland-Cement leicht wasserdicht zu schließen sind, so daß die Kanäle mit diesem Material leicht eine große Wasserdichtigkeit erhalten können.

Wie aus dem Constructionsplan zu ersehen, ist es aber nur in Absicht, den unteren Theil der Kanäle mit Kalksteinquadern zu bauen, zu deren Ueberwölbung aber chablonirte Backsteine bester Qualität oder gerichtete Kalksteine zu verwenden. Zum besseren Schutz gegen die von

Oben einwirkende Feuchtigkeit kann eine Cement=Decke angebracht werden.

Da viele der Kanäle in ausgespitzte Felsen zu stehen kommen, so dürfte für diese eine veränderte Bauconstruction in der Art Platz greifen, daß, wenn der Felsen dicht ist, das Ausspitzen nach dem betreffenden Normalprofil vorgenommen wird, und die Abglättung der inneren Flächen mit einem 0,2 Fuß dicken Cement=Verputz aus bestem englischen Material zu geschehen hat.

Die Kanäle der zwei ersten Klassen werden bei dieser Ausführung am besten mit gespitzten starken Kalksteinplatten abgedeckt.

Je höher das Auflager der Platten gegen das Pflaster gerichtet wird, desto höher werden diese Kanäle und desto leichter können sie ohne besonderen Kostenaufwand gangbar gemacht werden.

Ueber die Kosten der einzelnen Kanaltheile nach den verschiedenen Bauconstructionen sind in der Anlage IX. detailirte Berechnungen aufgestellt.

5. Tiefe der Kanäle.

Die Tiefe der Kanäle unter der Straßenoberfläche ist auf die Schwierigkeiten und Kosten der Anlage von großem Einflusse. Dieses kann aber für die hiesigen Verhältnisse in keiner Weise entscheidend sein, da die Entwässerung der vielen Keller und mit ihr die Trockenlegung des Bodens von größter Bedeutung ist.

Es ist deshalb für das aufgestellte Projekt der Grundsatz maßgebend gewesen, daß die Kanäle, wo mit Rücksicht auf das Gefäll nur immer möglich, wenigstens 10 Fuß unter dem Straßenpflaster anzulegen sind.

Keller, deren Sohle noch tiefer unter dem Pflaster liegen, gehören zu den Ausnahmen und können als solche um so weniger Beachtung finden, weil wegen der Gefäll=Veränderungen die ganze Anlage um viele Tausend Gulden theurer werden müßte. Die Auffüllung ganz tiefer Keller um einige Fuß ist ohnehin mit geringem Geldaufwande verknüpft.

§ 9. Entwässerung des Untergrundes.

Mit den Kanälen selbst kann der Untergrund nicht drainirt werden, weil deren Wasserdichtigkeit unbedingt nöthig ist. Dagegen kann ohne weiteren Kostenaufwand diese Boden=Entwässerung dadurch erreicht werben, daß die Baugrube hinter dem Kanal mit Felsenklein und grobem Kies mehrere Schuh hoch aufgefüllt wird.

Da die Kanalisirung ein zusammenhängendes System bildet, so wird diese wasserdurchlassende Hinterfüllung ein zusammenhängendes System von Sickersohlen bilden, die den Boden trocken halten. Diese Einrichtung sichert auch den Boden vor Verunreinigung, wenn wirklich in einem der Kanäle ein kleiner Leck entstehen sollte; ein solcher Fall ist übrigens in sanitätischer Beziehung um so weniger bedenklich, als dadurch nur eine tief liegende Schichte, welche gewöhnlich Felsen ist, verunreinigt werden würde.

§ 10. Verbindung verschiedener Kanäle.

Bezüglich der Verbindung verschiedener Kanäle gilt als Grundsatz, daß diese unter spitzem Winkel nach möglichst flachem Kreisbogen stattfinde, damit aus den verschiedenen Kanälen ohne Störung für den Wasserabfluß die Strömungen leicht in einander übergeführt werden; aus diesem Grunde ist es auch von Bedeutung, daß das Wasser aus den verschiedenen Kanälen unter gleicher Geschwindigkeit sich vereinigt, was durch die Kanalgefälle leicht zu machen ist.

Bei Einmündung der Zuflüsse aus den Häusern kann von dieser Regel abgegangen werden, weil diese gering und unbedeutend sind.

§ 11. Verbindung des Kanalnetzes mit den Häusern.

Da auf die Einführung der Wasserleitung in sämmtlichen Häusern nicht gerechnet werden kann, so sind solche Maßnahmen zu treffen, daß die Privatleitungen sich von selbst rein halten.

Zu diesem Zweck ist den Privatkanälen das größtmöglichste Gefäll zu geben, und sollen dieselben zur Sicherung der zeitweisen Ausspühlung mit den Dachrinnen, die deßhalb allgemein einzuführen wären, in Verbindung gebracht werden.

Die hier übliche Ausführung mit schützigen Rinnsteinen hat sich bewährt. Auf deren wasserdichten Verlegung ist aber um so gewissenhafter zu sehen, weil dieselben zur Gewinnung des nöthigen Gefälles die hoch liegenden Bodenschichten durchschneiden, in denen eine Verunreinigung am gefährlichsten ist.

Die Kellerentwässerung wird am zweckmäßigsten durch eiserne Rohre bewerkstelligt, die mit einem von oben herab schließbaren Ventil zu versehen sein dürften, damit bei eintretendem Hochwasser die Inundirung des Kellers länger zurückgehalten werden kann.

Um die Kanalluft von dem Innern der Häuser fernzuhalten, ist die Verbindung der Privatkanäle mit einem Wasserabfluß zweckmäßig. Derselbe basirt sich darauf, daß eine Stelle der Sohle des Kanales ein Reservoir bildet, welches ständig mit Wasser gefüllt ist und in welches, ohne das relative Gefäll aufzuheben, eine luftdicht schließende Platte unter einem spitzen Winkel eintaucht. Diese Einrichtung bildet auch den besten Schutz gegen das Eindringen des Ungeziefers in das Innere der Häuser.

Zur Sicherung der Kanalventilation müssen die Abfallrohre hinter der Abschlußplatte einmünden, während den Abtrittsschläuchen im Innern der Häuser bis über das Dach reichende Dunströhren zu geben sind.

§ 12. Beschreibung des projektirten Schwemm-Systems der Stadt Würzburg.

Das Projekt ist in dem Uebersichtsplan Anlage VII. und den Constructions- und Nivellementsplänen Anlage VIII. 1—13 bildlich dargestellt.

Nach demselben bestehen im Ganzen sieben selbstständige Spühl-Systeme, von denen zwei auf das Mainviertel und fünf auf die rechtseitige Stadt kommen.

Die einzelnen Kanäle sind je nach ihrer Größe mit verschiedenen Farben angegeben.

Die rothe Farbe bedeutet die Kanäle der III. Klasse; die grüne die der II. Klasse und die blaue Farbe die der I. Klasse. Die schwarze Farbe bedeutet Kanäle, welche bereits bestehen und in das neue System mit aufgenommen sind.

A. Spühlsysteme des Mainviertels.

Die Spühleinrichtung des Mainviertels hat mit Benützung der Wasserleitung zu geschehen; um den Effekt derselben zu verstärken, erfordern die Terrainverhältnisse die Erbauung zweier Reservoirs, in welchen größere Wassermassen (am Besten der Abfluß je eines öffentlichen Brunnens) aufgefangen und durch eiserne abschließbare Röhren, nach den verschiedenen Kanälen rasch abgelassen werden können.

Bei dem starken Gefäll der Kanäle im Mainviertel wird diese Vorrichtung ausreichen und werden Reservoirs mit mäßigem Inhalte genügen.

I. Spühlsystem.

Mit einem 1500 Eimer fassenden Reservoir vor dem Hause Distr. V. Nro. 116 wird auf der einen Seite der Kanal des Schottenangers, der Kasern= und Elstergasse gespühlt; auf der anderen Seite der Kanal der Zeller=Straße. Von diesem aus kann durch einzustellende Schützen das Wasser zur Spühlung abgeleitet werden:

1. nach dem Kanal der Kasern= mit Laufergasse,
2. nach der kleinen und großen Katzengasse.

Das Reservoir könnte auch auf dem freien Platze vor dem Zellerthore angelegt werden. Die Kanäle der oberen Zeller=, der oberen und breiten Schloßgasse und des Schloßgäßchens können in das Spühlsystem nicht aufgenommen werden; deren Spühlung kann bei dem sehr starken Gefäll und der kurzen Ausdehnung mit den Nothpfosten der Wasserleitung erfolgen.

II. Spühlsystem.

Die Spühlung der Spital=, der 1., 2. und 3. Felsengasse soll durch ein auf dem Hirtenhofe zu erbauendes, 500 Eimer fassendes Reservoir bewerkstelliget werden.

Sämmtliche Kanäle münden in einen längs der Saal= und Fischergasse zu erbauenden Kanal, der mit den oben erwähnten Spühlwässern und den bestehenden Abflüssen der Wasserleitung, die bereits jetzt circa 12000 Kubikfuß per 24 Stunden betragen, reingehalten wird.

Durch die Ausführung dieses Kanales fallen die ecelerregenden, gesundheitsschädlichen Gräben am Fuße der linkseitigen Stadtbefestigung weg.

Für den Fall der Beanstandung des Ausflusses dieses Sammelkanales vor der Brob'schen Badeanstalt kann durch Verlängerung des Kanales um 500 Fuß die Ausmündung hinter der Badanstalt stattfinden.

B. Spühlsysteme der Stadt diesseits des Maines.

I. Spühlsystem.

Dasselbe umfaßt das Stifthauger=Viertel, hat seinen Anfang vor der Karthäuser=Mühle, von wo aus durch die Wallgasse zur Semmelsgasse ein Zuleitungskanal zu bauen ist.

Am Anfang der Semmelsgasse zweigt sich dieser Kanal ab; der eine Arm dient zur Spühlung des Semmelgassenkanals, der andere zur Spühlung des Kanals von der Strohgasse, Stifthauger Pfarrgasse, bis zu dem großen Theatergassenkanal.

Von dieser Kanalleitung aus erhalten das Kirchgäßchen und die Pfaffengasse ihre Spühlung gegen den Semmelsgassenkanal und die Teufelsthor- und Reisgrubengasse gegen den Theatergassenkanal hin.

Von dem Kanal der Teufelsthorgasse aus kann eine Spühlung längs der hintern Wallgasse durch den botanischen Garten der Mühl- und Nonnengasse bis zum Main eingerichtet werden.

Der Kanal der Handgasse bildet mit dem der hintern Kapuzinergasse einen zusammenhängenden Strang, dessen Spühlung von einer in der Handgasse gelegenen Wasserscheide aus durch den in derselben Gasse fließenden Bach erfolgt.

Die obere Wallgasse schließt sich vor dem Spitale mit einer Schützenvorrichtung unmittelbar an die Kürnach an.

Der längs der Karthäuser- und Kapuzinergasse zu erbauende Kanal bildet den Zuleitungskanal des 4. und 5. Spühlsystems diesseits der Stadt. An diesen Kanal schließt sich auch der Kanal der hintern Kapuzinergasse an.

Sollte die Ausführung des Spühlkanals nach der Richtung der Wallgasse wegen des tief liegenden Grabens des Anwesens I. Distrikt Nro. 102 Schwierigkeiten machen, so kann auch das Spühlwasser in der Handgasse entnommen und durch die hintere Kapuzinergasse beigeleitet werden.

II. Spühlsystem.

Das Spühlsystem des Pleichacher-Viertels.

Anschließend an die Kanalisirung des II. Stadtdistriktes ist ein Zuleitungskanal vom Anfang des Grabenbergchens an zur Stelzengasse auszuführen.

Von dieser Straße an geht die Spühlung zur Mühlgasse. (Hiedurch kann die Kanalisirung der hintern Wallgasse und des botanischen Gartens bis zur Durchführung der Entfestigung ausgesetzt bleiben, da die Spühlung der Mühl-, Nonnen- und Pleichacher Thorgasse von der Stelzengasse her ermöglicht wird.)

Ein zweiter Spühlkanal geht vom Anfang der Stelzengasse durch die Bachgasse und Kühgasse einmündend in den Mühlgassenkanal.

Von der Kuhgaſſe aus findet die Spühlung der übrigen Straßen ſtatt, indem ein zuſammenhängendes Syſtem für die Neu-, Kirch-, Bocks-, Schulgaſſe und den Ochſenplatz beſteht, welches in ſeinen verſchiedenen Strängen gegen den Sammelkanal der Gerbergaſſe zu reinigen iſt.

III. Spühlſyſtem.
Das Spühlſyſtem des II. Stadtdiſtriktes.

Der obere Theil dieſes Diſtriktes hat ſeine Spühlung vom Hofplatz her von dem in der Kapuzinergaſſe zu erbauenden Zuleitungskanal.

Derſelbe iſt bis zum Schrannenplatz zu verlängern; von einem Einſteigſchacht aus werden nach der einen Richtung die Kanäle der Max- und Hofſtraße, der Martinsgaſſe, des Kürſchnerhofs, der Blaſius- und Roſengaſſe und des Marktes und der Langgaſſe in den Domgaſſenkanal geſpühlt; nach der anderen Richtung wird die Lochgaſſe gereinigt.

An dieſen Kanalſtrang ſchließen ſich die Nebenkanäle der Domer Pfarr- und Herrngaſſe an.

Der untere Theil des II. Diſtriktes erhält ſein Spühlwaſſer oberhalb der Bürgerſpitalmühle aus der Kürnach.

Der Zuleitungskanal verfolgt den Lauf des oberen Feuerbachs bis zur Spiegelgaſſe. Daſelbſt geht ein Kanal durch die obere Möllergaſſe, über den Grabenberg, durch den unteren Graben zu dem in der Bankgaſſe befindlichen Sammelkanal. Dieſer Kanal dient zugleich als Zuleitungskanal für das 2. Spühlſyſtem.

Ein zweiter Hauptspühlkanal geht von der Spiegelgaſſe durch die Eichhorngaſſe über den Markt zur Holzgaſſe, von wo aus die Kanäle der beiden Kärnersgaſſen ihre Spühlung erhalten.

Von dieſem Hauptspühlkanal zweigt ſich ein größerer Spühlkanal gegen die Dominikanergaſſe, das Hammelsgäßchen zum inneren Grabengaſſenkanal ab; ein anderer geht durch die Sand-, Katharinen- und Brombachergaſſe.

Hiernach hat der untere Theil des II. Diſtriktes drei direkt gegen den Main hin abfließende Hauptspühlkanäle, welche von dem in der Karmeliter- und Bankgaſſe befindlichen Sammelkanal aufgenommen werden. Die zwiſchen den einzelnen Hauptspühlkanälen befindlichen Kanäle der Querſtraßen erhalten ihre Spühlung von einem Hauptspühlkanal zum andern; in gleicher Weiſe dient der Domgaſſenkanal als Aufnahmskanal der zwiſchen dem Markte und der Domgaſſe parallel mit dem Kürſchnerhof laufenden Querſtraßen.

IV. Spühlsystem.
Das Spühlsystem des III. Stadtbistriktes.

Dieser Distrikt bezieht sein Spühlwasser aus dem längs der Hofpromenade fortzusetzenden Zuleitungskanal von der Kapuzinergasse her, von welchem zwei Spühlkanäle zum Distrikt führen.

Der erste beginnt auf dem Hofplatze vor der Hofstraße und zieht sich durch die Kettengasse zur Domerpfaffengasse hin, von da durch die Ebrachergasse, bis derselbe sich an den Hofgassenkanal vor der Harmonie anschließt. Am Anfange der Ebrachergasse verlängert sich der Pfaffengassenkanal zur Hofstraße, in welchen sich die kleinen Nebenkanäle der Rothenscheiben- und Schuttgasse ergießen.

Der andere zieht sich längs der Schulgasse durch die Ursulinergasse und obere Bocksgasse in die Augustinergasse; in dieser Straße ist vor der unteren Bocksgasse eine Wasserscheide; nach einer Richtung kann gegen die Domgasse, nach der anderen gegen die Gothen- und Rittergasse hin in den Büttnersgassenkanal gespühlt werden.

Von dem zuletzt beschriebenen Spühlkanal aus werden alle Kanäle auf der rechten Seite gegen den in der Domgasse gelegenen Sammelkanal, die auf der linken Seite dagegen werden gegen den Sammelkanal der Neubaugasse hin gespühlt, während die senkrecht von dem Augustinergassenkanal abmündenden von dem Sammelkanal der Büttnersgasse aufgenommen werden.

V. Spühlsystem.
Das Spühlsystem des IV. Stadtbistriktes.

Dasselbe beginnt bei der Michaelskirche vor dem Ausgangspunkte des von der Karthäusermühle beigeleiteten Zuleitungskanals.

Der die Neubaugasse durchziehende Kanal ist als Spühlkanal für einen Theil der Kanäle der Nebenstraßen des III. und IV. Distriktes zu betrachten.

An derselben Stelle, wo dieser beginnt, beginnen zwei weitere Spühlkanäle.

Der eine zieht sich durch den Zwinger und vereinigt sich mit dem anderen in der Rothenlöwengasse; dieser letztere fließt durch die Stephans-, Münz- und Rothenlöwengasse; vor der oberen Kaserngasse theilt er sich in zwei Arme, der eine längs der oberen Kaserngasse durch den Kasernhof zur Büttnersgasse hinziehend, bis sich beide mit dem Neubaugassenkanal vereinigt haben.

Auf dem Petersplatz zweigen sich die Seitenkanäle der Hörleins- und oberen Johannitergasse ab und werden gegen die Neubaugasse hin gespühlt, während alle zwischen der Münz- und Sandergasse gelegenen Nebenkanäle nach der Sandergasse hin, und alle zwischen der Sander- und Kaserngasse befindlichen Nebenkanäle nach der Kaserngasse hin gespühlt werden.

Mittelst eines **Hauptsammelkanales**, der in der Büttnersgasse beginnt, sich längs der Karmeliten-, Bank- und Gerbersgasse hinzieht, findet die Ausmündung sämmtlicher Kanäle der diesseitigen Stadt am unteren Ende des Mainquai in Verbindung mit den zwei Stadtbächen an einer entsprechend tiefen Stelle des Maines statt, wo die Strömung des Flusses zur Fortführung der zugeführten Stoffe während des ganzen Jahres ausreichend ist, und daher Bedenken wegen Versumpfung des Stromes in keiner Weise begründet sind.

Nach der Zusammenstellung Anlage X. erfordert die Durchführung dieses Projektes:

    3850 laufende Fuß Kanäle der III. Klasse,
    31916   „   „   „   „ II. „
    33520   „   „   „   „ I. „

ferner den Umbau von 7236 laufende Fuß älterer Kanäle, zusammen 76525 laufende Fuß, ferner sind 364 Einsteigschachte und 150 Lampenschachte nothwendig.

§ 13. Höhenlage, Größe, Gefäll und Tieflage der verschiedenen Spühlsysteme.

In den Plänen (Anlage VIII. Blatt IV—XIII.) sind sämmtliche Straßen-Nivellements enthalten; auf je 100 Fuß Länge ist die Straßenlage über dem Nullpunkt des Maines mit blauer Farbe eingeschrieben.

Alles, was sich auf die Sohle der projektirten Kanäle bezieht, ist mit rother Farbe eingeschrieben; es ist dies die Länge, der Fall, das Gefäll und die Höhenlage der einzelnen Kanalsohlenpunkte über dem Nullpegel des Maines.

Durch Subtraction der Kanalsohlenlage von der des Pflasters ergibt sich die Tieflage der Kanalsohle unter dem Pflaster. Hiernach läßt sich für jeden Hauskeller die Entwässerungsmöglichkeit leicht bemessen.

Die wenigen Kanäle, welche seicht gelegt werden müssen, sind Zuleitungskanäle für das Spühlwasser. Solche seichte Kanäle sind in der Karthäuser-, Kapuziner- und Strohgasse. Werden übrigens für diese

Straßen tiefliegende Kanäle für nothwendig erkannt, so steht deren Ausführung bei der Tieflage des Kanales der Theaterstraße und Stiftshauger Pfarrgasse nichts im Wege, nur erhalten diese Straßen zwei Kanäle.

Da eine Zusammenstellung der Höhenlage, der Sohle über Nullpegel, der Länge, Größe, des Gefälles und der Tieflage der Sohle unter dem Pflaster am besten die Beurtheilung der projektirten Kanalifirung zuläßt, hat man diese Data für jedes einzelne Spühlsystem in Folgendem zusammengestellt.

Der größeren Deutlichkeit wegen sind die Sammelkanäle der Kanalsysteme des Mainviertels und der Stadt diesseits des Maines selbstständig aufgeführt.

A. Spühlsystem des Mainviertels.
Sammelkanal.
Saalgasse bis Dreikronenplatz.
Anfang 10,30' über Nullpegel.
Ende   8,17'   „   „
Länge 444' 7,36 □' Querschnitt 0,5 % Gefäll 7' im Durchschnitt unter dem Pflaster.

Fischergasse.
Anfang 8,17' über Nullpegel.
Ende   3,31'   „   „
Länge 1030' 14,4 □' Querschnitt 0,477 % Gefäll, 9,5' i. D. u. b. Pfl.

I. Spühlsystem.
Schottenanger.
Anfang 52,78' über Nullpegel.
Ende   20,46'   „   „
Länge 400' 5,95' □' Querschnitt 1,92 % Gefäll 10,5' i. D. u. b. Pfl.
   „ 200' 5,95 □' Querschnitt 12,31 % Gefäll 9,0' i. D. u. b. Pfl.

Raserngasse.
Anfang 20,46' über Nullpegel.
Ende   9,50'   „   „
Länge 281' 5,95 □' Querschnitt 2,88 % Gefäll 9,0' i. D. u. b. Pfl.

Elstergasse.
Anfang 9,50' über Nullpegel.
Ende   6,74'   „   „
Länge 332' 5,95 □' Querschnitt 0,83 % Gefäll 8,75' i. D. u. b. Pfl.

Fischergasse.
Anfang 6,74' über Nullpegel.

Ende 3,58' über Nullpegel.
Länge 142' 5,95 ☐' Querschnitt 0,64 % Gefäll 10' i. D. u. b. Pfl.

Zellerstraße.

Anfang 52,78' über Nullpegel.
Ende   8,17'   " "
Länge 417' 5,95 ☐' Querschnitt 5,64 % Gefäll 9,0' i. D. u. b. Pfl.
  "   300' 7,36 ☐' Querschnitt 2,32 % Gefäll 9,0' i. D. u. b. Pfl.

Kaserngasse.

Anfang 26,42' über Nullpegel.
Ende   9,50'   " "
Länge 420' 5,95 ☐' Querschnitt 4,03 % Gefäll 7,5' i. D. u. b. Pfl.

Laufergasse.

Anfang 18,36' über Nullpegel.
Ende   5,20'   " "
Länge 382' 5,95 ☐' Querschnitt 3,45 % Gefäll 7,5' i. D. u. b. Pfl.

Große Katzengasse.

Anfang 23,60' über Nullpegel.
Ende   6,57'   " "
Länge 364' 5,95 ☐' Querschnitt 4,7 % Gefäll 7,5' i. D. u. b. Pfl.

Kleine Katzengasse.

Anfang 26,42' über Nullpegel.
Ende 14,20'   " "
Länge 226' 5,95 ☐' Querschnitt 5,4 % Gefäll 5,5' i. D. u. b. Pfl.

II. Spühlsystem.

Spitalgasse.

Anfang 22,21' über Nullpegel.
Ende   8,80'   " "
Länge 373' 5,95 ☐' Querschnitt 3,65 % Gefäll 9,5' i. D. u. b. Pfl.

Erste Felsengasse.

Anfang 18,04' über Nullpegel.
Ende   8,56'   " "
Länge 116' 5,95 ☐' Querschnitt 4,8 % Gefäll 6' i. D. u. b. Pfl.

Zweite Felsengasse.

Anfang 21,21' über Nullpegel.
Ende 10,00'   " "
Länge 200' 5,95 ☐' Querschnitt 5,65 % Gefäll 6,0' i. D. u. b. Pfl.

Dritte Felsengasse.

Anfang 22,20' über Nullpegel.

Ende 10,50' über Nullpegel.
Länge 150' 5,95 ☐' Querschnitt 5,96 % Gefäll 6' i. D. u. b. Pfl.
„ 100' 5,95 ☐' Querschnitt 2,71 % Gefäll 4,0' i. D. u. b. Pfl.

B. Spühlsystem der Stadt diesseits des Maines.

I. Spühlsystem.

Wallgasse.
Anfang 44,38' über Nullpegel.
Ende 31,72' „ „
Länge 972' 7,36 ☐' Querschnitt 1,302 % Gefäll 5,0' i. D. u. b. Pfl.

Semmelsgasse.
Anfang 31,72' über Nullpegel.
Ende 17,18' „ „
Länge 231' 5 ☐' Querschnitt 1,813 % Gefäll 4,5' i. D. u. b. Pfl.
„ 1089' 15,9—25,5 ☐' Querschnitt 0,97 % Gefäll 13,0' i. D. u. b. Pfl.

Strohgasse.
Anfang 31,72' über Nullpegel.
Ende 24,94' „ „
Länge 1000' 7,36 ☐' Querschnitt 0,679 % Gefäll 5,0' i. D. u. b. Pfl.

Kirchgasse.
Anfang 36,09' über Nullpegel.
Ende 22,66' „ „
Länge 337' 5,95 ☐' Querschnitt 1,02 % Gefäll 9,5' i. D. u. b. Pfl.

Pfaffengasse.
Anfang 24,94' über Nullpegel.
Ende 21,94' „ „
Länge 600' 5,95 ☐' Querschnitt 0,5 % Gefäll 9,5' i. D. u. b. Pfl.

Stifthauger Pfarrgasse.
Anfang 24,94' über Nullpegel.
Ende 12,33' „ „
Länge 622' 9,00 ☐' Querschnitt 1,950 % Gefäll 15,0' i. D. u. b. Pfl.

Teufelsthorstraße.
Anfang 24,94' über Nullpegel.
Ende 20,20' „ „
Länge 692' 7,36 ☐' Querschnitt 0,5—,08 % Gefäll 7,5' im D. u. b. Pfl.

Reisgrubengasse.
Anfang 21,87′ über Nullpegel.
Ende 15,04′ „ „
Länge 650′ 5,95 „ ☐′ Querschnitt 1,02 %₀ Gefäll 9′ i. D. u. b. Pfl.

Hintere Wallgasse bis zur Stelzengasse.
Anfang 20,20′ über Nullpegel.
Ende 9,02′ „ „
Länge 1620′ 7,36 ☐′ Querschnitt 0,679 %₀ Gefäll 8′ i. D. u. b. Pfl.

Obere Wallgasse.
Anfang 21,09′ über Nullpegel.
Ende 14,49′ „ „
Länge 470′ 5,95 ☐′ Querschnitt 0,679 %₀ Gefäll 9′ i. D. u. b. Pfl.

Mühlgasse.
Anfang 9,02′ über Nullpegel.
Ende 5,63′ „ „
Länge 495′ 7,36 ☐′ Querschnitt 0,679 %₀ Gefäll 8′ im D. u. b. Pfl.

Nonnengasse.
Anfang 6,71′ über Nullpegel.
Ende 2,15′ „ „
Länge 520′ 7,36 ☐′ Querschnitt 0,679 %₀ Gefäll 8,5′ i. D. u. b. Pfl.

Handgasse.
Anfang 40,05′ über Nullpegel.
Ende 23,68′ „ „
Länge 296′ 5,95 ☐′ Querschnitt 1,476 %₀ Gefäll 11,5′ i. D. u. b. Pfl.

Kanal von der Handgasse zur Semmelsgasse bei H.-Nro. 89.
Anfang 31,72′ über Nullpegel,
Ende 28,05′ „ „
Länge 493′ 6 ⎫
„ 407′ 5,95 ⎬ ☐′ Querschnitt 0,408 %₀ Gefäll 8,0′ i. D. u. b. Pfl.

Kapuzinergasse.
Anfang 44,38′ über Nullpegel.
Ende 36,80′ „ „
Länge 1576′ 5,95 ☐′ Querschnitt 0,582 %₀ Gefäll 4,0′ i. D. u. b. Pfl.

Hintere Kapuzinergasse.
Anfang 34,07′ über Nullpegel.
Ende 21,13′ „ „
Länge 468′ 5,95 ☐′ Querschnitt 1,055 %₀ Gefäll 8,5′ i. D. u. b. Pfl.

II. Spühlsystem.
Das Spühlsystem des Pleichacher Viertels.

Zuleitungskanal vom Grabengäßchen zur Stelzengasse:
Anfang 13,17' über Nullpegel.
Ende 10,94'   „   „
Länge 498' 7,36 □' Querschnitt 0,45 % Gefäll 10' i. D. u. b. Pfl.

Stelzengasse.
Anfang 10,94' über Nullpegel.
Ende 9,02'   „   „
Länge 530' 5,95 □' Querschnitt 0,45 % Gefäll 10' i. D. u. b. Pfl.

Bachgasse.
Anfang 10,94' über Nullpegl.
Ende 9,17'   „   „
Länge 384' 7,36 □' Querschnitt 4,467 % Gefäll 9,5' i. D. u. b. Pfl.

Kühgasse.
Anfang 9,17' über Nullpegel.
Ende 7,86'   „   „
Länge 280' 7,36 □' Querschnitt 0,467 % Gefäll 10' i. D. u. b. Pfl.

Pfarrgasse.
Anfang 7,86' über Nullpegel.
Ende 6,71'   „   „
Länge 244' 7,36 □' Querschnitt 0,467 % Gefäll 7,5' i. D. u. b. Pfl.

Neugasse.
Anfang 8,17' über Nullpegel.
Ende 7,08'   „   „
Länge 150' 5,95 □' Querschnitt 0,5 % Gefäll 11,5' i. D. u. b. Pfl.

Kirchgasse.
Anfang 7,41' über Nullpegel.
Ende 6,51'   „   „
Länge 292' 5,95 ⎱ □' Querschnitt 0,161 % Gefäll 12' i. D. u. b. Pfl.
   „ 81,0' 7,36 ⎰

Kirchgasse von Haus-Nro. 334 bis zum Ochsenplatz.
Anfang 7,25' über Nullpegel.
Ende 2,80'   „   „
Länge 526' 7,36 □' Querschnitt 0,846 % Gefäll 11' i. D. u. b. Pfl.

Von der Pfarrgasse zur Kirchgasse.
Anfang 7,86' über Nullpegel.
Ende 7,41'   „   „
Länge 180' 7,36 □' Querschnitt 0,3 % Gefäll 10' i. D. u. b. Pfl.

Schulgasse.
Anfang 5,58' über Nullpegel.
Ende   2,76'   „   „
Länge 235' 5,95 □' Querschnitt 1,2 % Gefäll 11' i. D. u. b. Pfl.
Schüttgasse.
Anfang 6,40' über Nullpegel.
Ende   2,61'   „   „
Länge 258' 5,95 □' Querschnitt 1,47 % Gefäll 10' i. D. u. b. Pfl.
Bocksgasse bis zum Pleicher Kirchplatz.
Anfang 7,41' über Nullpegel.
Ende   2,50'   „   „
Länge 380' 5,95 □' Querschnitt 1,86 % Gefäll 11,0' i. D. u. b. Pfl.
Sammelkanal der Gerbersgasse.
Anfang 2,80' über Nullpegel.
Ende   0,32'   „   „
Länge 489' 0,143 ⎫
  „ 570' 0,43 ⎭ % Gefäll 14,4 □' Querschnitt 9' i. D. u. b. Pfl.

III. Spühlsystem.
Das Spühlsystem des II. Stadtdistriktes.
Zuleitungskanal vom Residenzplatz zur Marstraße.
Anfang 35,80' über Nullpegel.
Ende   31,80'   „   „
Länge 450' 7,36 □' Querschnitt 0,876 % Gefäll 9' i. D. u. b. Pfl.
Marstraße.
Anfang 31,80' über Nullpegel.
Ende   28,21'   „   „
Länge 639' 7,36 □' Querschnitt 0,876 % Gefäll 10' i. D. u. b. Pfl.
Hofstraße bis Herrngasse.
Anfang 26,21' über Nullpegel.
Ende   23,26'   „   „
Länge 168' 0,876 ⎫
  „ 522' 0,278 ⎭ % Gefäll 7,36 □' Querschnitt 12' i. D. u. b. Pfl.
Leichenhof und Martinsgasse.
Anfang 23,26' über Nullpegel.
Ende   20,90'   „   „
Länge 645' 7,36 □' Querschnitt 0,36 % Gefäll 11' i. D. u. b. Pfl.
Blasiusgasse.
Anfang 20,90' über Nullpegel.
Mitte   19,67'   „   „

Ende 11,12′ über Nullpegel.
Länge 270′ 7,36 ☐′ Querschnitt 0,384 % Gefäll 10′ i. D. u. b. Pfl.
„ 227′ 5,95 „ „ 3,77 % Gefäll 12′ i. D. u. b. Pfl.

Rosengasse.

Anfang 19,67′ über Nullpegel.
Ende 18,66′ „ „
Länge 262′ 7,36 ☐′ Querschnitt 0,384 % Gefäll 10′ i. D. u. b. Pfl.

Schustersgasse.

Anfang 15,83′ über Nullpegel.
Mitte 18,66′ „ „
Ende 8,96′ „ „
Länge 80′ 5,95 ☐′ Querschnitt 3,5 % Gefäll 10′ i. D. u. b. Pfl.
„ 250′ 7,36 „ „ 3,88 % „ 10′ i. D. u. b. Pfl.

Kürschnerhof und Schmalzmarkt.

Anfang 20,08′ über Nullpegel.
Mitte 20,90′ „ „
Ende 11,91′ „ „
Länge 358′ 5,95 ☐′ Querschnitt 2,51 % Gefäll 11′ i. D. u. b. Pfl.
„ 250′ 5,95 „ „ 0,328 % „ 8,5′ i. D. u. b. Pfl.

Domstraße.

Anfang 11,91′ über Nullpegel.
Ende 4,71′ „ „
Länge 617′ 16,5—18 ☐′ Querschnitt 0,866 % Gefäll 12,5′ i. D. u. b. Pfl.

Sammelkanal der Karmeliter- und Bankgasse mit Ochsenplatz.

Anfang 4,71′ über Nullpegel.
Ende 2,80′ „ „
Länge 1270′ 14,4 ☐′ Querschnitt 0,143 % Gefäll 10,5′ i. D. u. b. Pfl.

Zuleitung aus dem Bürgerspital zur Spiegelgasse.

Anfang 36,23′ über Nullpegel.
Ende 34,42′ „ „
Länge 403′ 5,95 ☐′ Querschnitt 0,449 % Gefäll 5′ i. D. u. b. Pfl.

Spiegelgasse und Eichhorngasse.

Anfang 30,57′ über Nullpegel.
Ende 20,08′ „ „
Länge 860′ 7,36 ☐′ Querschnitt 1,216 % Gefäll 8,5′ i. D. u. b. Pfl.

Von der Eichhorngasse über den Marktplatz zur Kärnersgasse.

Anfang 20,08′ über Nullpegel.

Ende 5,77′ über Nullpegel.
Länge 900′ 1,217 % Gefäll 7,36 ☐′ Querschnitt, 9′ i. D. u. b. Pfl.
„ 200′ 1,68 % „ 7,36 ☐′ „ 4′ i. D. u. b. Pfl.

Von der Maxstraße durch die Lochgasse.
Anfang 30,05′ über Nullpegel.
Ende 29,07′ „ „
Länge 700′ 7,36 ☐′ Querschnitt 0,14 % Gefäll 8,0′ i. D. u. b. Pfl.

Domerpfarrgasse.
Anfang 29,63′ über Nullpegel.
Ende 24,20′ „ „
Länge 400′ 1,06 % } Gefäll 5,95 ☐′, Querschnitt 9,0′ i. D. u. b. Pfl.
„ 200′ 0,6 %

Herrngasse von Hs.-Nro. 54—372.
Anfang 26,30′ über Nullpegel.
Ende 24,38′ u. 23,26′ über Nullpegel.
Länge 520′ 0,6 % } Gefäll 5,95 ☐′, Querschnitt 11′ i. D. u. b. Pfl.
„ 200′ 1,52 %

Herrngasse von der Dompfarrgasse her.
Anfang 28,43′ über Nullpegel.
Ende 26,30′ „ „
Länge 355′ 5,95 ☐′ Querschnitt 0,6 % Gefäll 10′ i. D. u. b. Pfl.

Schulgasse.
Anfang 22,30′ über Nullpegel.
Ende 21,81′ „ „
Länge 226′ 5,95 ☐′ Querschnitt 0,217 % Gefäll 12′ i. D. u. b. Pfl.

Marktplatz bis Rosengasse.
Anfang 19,13′ über Nullpegel.
Ende 16,48′ „ „
Länge 295′ 5,95′ ☐′ Querschnitt 0,915 % Gefäll 10′ i. D. u. b. Pfl.

Marktplatz Nro. 412 bis zur Langgasse.
Anfang 18,26′ über Nullpegel.
Ende 10,50′ „ „
Länge 360′ 5,95 ☐′ Querschnitt 2,16 % Gefäll 11′ i. D. u. b. Pfl.

Langgasse.
Anfang 11,74′ über Nullpegel.
Ende 6,95′ „ „
Länge 430′ 5,95 ☐′ Querschnitt 1,09 % Gefäll 10′ i. D. u. b. Pfl.

Kärnersgasse.

Anfang 4,58' über Nullpegel.
Mitte 5,77'   „   „
Ende 3,19'   „   „
Länge 477' 0,25 % ⎫
   „ 600' 0,43 % ⎭ Gefäll 5,95 □' Querschnitt, 6,0' i. D. u. b. Pfl.

Katzengasse.

Anfang 26,89' über Nullpegel.
Ende 21,29'   „   „
Länge 594' 5,95 □' Querschnitt 0,943 % Gefäll 9,0' i. D. u. b. Pfl.

Maingasse bis zum Markte.

Anfang 14,52' über Nullpegel.
Ende 3,82'   „   „
Länge 450' 7,36 □' Querschnitt 2,377 % Gefäll 10' i. D. u. b. Pfl.

Gressengasse.

Anfang 11,74' über Nullpegel.
Ende 7,39'   „   „
Länge 207' 5,95 □' Querschnitt 2,10 % Gefäll 10' i. D. u. b. Pfl.

Sandgasse.

Anfang 20,08' über Nullpegel.
Ende 14,70'   „   „
Länge 453' 7,36 □' Querschnitt 1,186 % Gefäll 10' i. D. u. b. Pfl.

Katharinengasse.

Anfang 14,70' u. 14,65' über Nullpegel.
Ende 13,01'   „   „
Länge 337' 7,36 □' Querschnitt 0,5 % Gefäll 11' i. D. u. b. Pfl.
   „ 143' 5,95 □'   „   1,147 % Gefäll 12,5' i. D. u. b. Pfl.

Ulmergasse.

Anfang 13,01' über Nullpegel.
Mitte 11,69'   „   „
Ende 6,07'   „   „
Länge 265' 7,36 □' Querschnitt 0,5 % Gefäll 10' i. D. u. b. Pfl.
   „ 200' 5,95 □' Querschnitt 2,81 % Gefäll 12' i. D. u. b. Pfl.

Bronnbachergasse.

Anfang 11,69' über Nullpegel.
Ende 3,29'   „   „
Länge 360' 7,36 □' Querschnitt 2,333 % Gefäll 9' i. D. u. b. Pfl.

Maulharbsgasse.

Anfang 16,69' über Nullpegel.
Ende 10,79' „ „
Länge 580' 5,95' ☐' Querschnitt 0,866 %₀ Gefäll 11' i. D. u. b. Pfl.
„ 95' 5,95 ☐' Querschnitt 0,92 %₀ Gefäll.

Hahnenhof.

Anfang 19,58' über Nullpegel.
Ende 14,65' „ „
Länge 330' 5,95 ☐' Querschnitt 1,5 %₀ Gefäll 10' i. D. u. b. Pfl.

Häfnersgasse.

Anfang 11,69' u. 11,87' über Nullpegel.
Ende 9,89' „ „
Länge 205' 0,866 %₀ } Gefäll 5,95 ☐' Querschnitt, 12' i. D. u. b. Pfl.
„ 140' 1,3 %₀

Dettelbachergasse.

Anfang 9,89' über Nullpegel.
Ende 8,01' „ „
Länge 218' 5,95 ☐' Querschnitt 0,866 %₀ Gefäll 13' i. D. u. b. Pfl.

Pommersgasse.

Anfang 8,01' über Nullpegel.
Ende 5,68' „ „
Länge 275' 5,95 ☐' Querschnitt 0,866 %₀ Gefäll 10' i. D. u. b. Pfl.

Obere Wöllergasse.

Anfang 34,42' über Nullpegel.
Ende 31,93' „ „
Länge 538' 7,36 ☐' Querschnitt 0,5 %₀ Gefäll 7,0' i. D. u. b. Pfl.

Grabenbergchen.

Anfang 31,93' über Nullpegel.
Ende 13,17' „ „
Länge 200' 7,36 ☐' Querschnitt 7,47 %₀ Gefäll 9,5' i. D. u. b. Pfl.
„ 370' 7,36 ☐' Querschnitt 0,974 %₀ Gefäll 10,5' i. D. u. b. Pfl.

Innerer Graben.

Anfang 13,17' über Nullpegel.
Ende 3,15' „ „
Länge 730' 7,36 ☐' Querschnitt 1,39 Gefäll 12,0' i. D. u. b. Pflaster.

Untere Wöllergasse.

Anfang 26,57' über Nullpegel.
Ende 16,16' „ „

Länge 400' 5,95 ☐' Querschnitt 0,5 % Gefäll 9,5' i. D. u. b. Pfl.
„ 155' 5,95 ☐' „ 5,426 % Gefäll 9,0' i. D. u. b. Pfl.

Erste Verbindungsstraße der oberen und unteren
Wöllergasse.

Anfang 33,37' über Nullpegel.
Ende 26,07' „ „
Länge 144' 5,95 ☐' Querschnitt 5,00 % Gefäll 8,5' i. D. u. b. Pfl.

Zweite Verbindungsstraße.

Anfang 32,62' über Nullpegel.
Ende 24,82' „ „
Länge 120' 5,95 ☐' Querschnitt 6,5 % Gefäll 10' i. D. u. b. Pfl.

Dritte Verbindungsstraße.

Anfang 32,22' über Nullpegel.
Ende 24,62' „ „
Länge 119' 5,95 ☐' Querschnitt 6,4 % Gefäll 10' i. D. u. b. Pfl.

Dominikanergasse.

Anfang 27,37' über Nullpegel.
Ende 16,33' „ „
Länge 560' 7,36 ☐' Querschnitt 0,5 % Gefäll 9,5' i. D. u. b. Pfl.
„ 210' 7,36 ☐' Querschnitt 3,623 % „ 10' i. D. u. b. Pfl.
„ 90' 7,36 ☐' Querschnitt 1,87 % „ 9' i. D. u. b. Pfl.

Dominikanerplatz.

Anfang 16,33' über Nullpegel.
Ende 13,80' „ „
Länge 220' 7,36 ☐' Querschnitt 1,105 % Gefäll 11,0' i. D. u. b. Pfl.

Hammel.

Anfang 13,80' über Nullpegel.
Ende 10,30' „ „
Länge 285' 7,36 ☐' Querschnitt 1,23 % Gefäll 13,8' i. D. u. b. Pfl.

Grabengäßchen.

Anfang 13,09' über Nullpegel.
Ende 8,99' „ „
Länge 236' 5,95 ☐' Querschnitt 1,7 % Gefäll 11,5' i. D. u. b. Pfl.

IV. Spülsystem.

Das Spülsystem des III. Stadtbezirkes.

Residenzplatz und Hofpromenade.

Anfang 35,80' über Nullpegel.
Ende 28,09' „ „

Länge 84,0' 7,36 ☐' Querschnitt 0,682 % Gefäll 7,5' i. D. u. b. Pfl.
„ 1310' 5,95 ☐' Querschnitt 0,582 % Gefäll 7,5' i. D. u. b. Pfl.

Neubaugasse.

Anfang 28,09' über Nullpegel.
Ende 8,97' „ „
Länge 1470' 7,36 ☐' Querschnitt 1,31 % Gefäll 9,0' i. D. u. b. Pfl.

Vordere Johannitergasse.

Anfang 8,97' über Nullpegel.
Ende 6,34' „ „
Länge 360' 7,36 ☐' Querschnitt 0,73 % Gefäll 7' i. D. u. b. Pfl.

Sammelkanal Büttnersgasse.

Anfang 6,34' über Nullpegel.
Ende 4,71' „ „
Länge 454' 10 ☐' Querschnitt 0,143 % Gefäll 7,5' i. D. u. b. Pfl.
„ 663' 114 ☐' „ 0,143 % Gefäll 7,5' i. D. u. b. Pfl.

Schulgasse bis Franziskanerplatz.

Anfang 28,76' über Nullpegel.
Ende 19,16' „ „
Länge 1000' 7,36 ☐' Querschnitt 0,958 % Gefäll 11' i. D. u. b. Pfl.

Franziskanerplatz bis Ursulinergasse.

Anfang 19,16' über Nullpegel.
Ende 15,49' „ „
Länge 465' 7,36 ☐' Querschnitt 0,958 % Gefäll 10' i. D. u. b. Pfl.

Ursulinergasse.

Anfang 15,49' über Nullpegel.
Ende 11,18' u. 12,11 über Nullpegel.
Länge 146' 7,36 ☐' Querschnitt 0,958 % Gefäll 10' i. D. u. b. Pfl.
„ 438' 5,95 ☐' „ 0,772 % „ 11,0' i. D. u. b. Pfl.
„ 244' 5,95 ☐' „ 1,197 % „ 11,0' i. D. u. b. Pfl.

Obere Bocksgasse.

Anfang 14,10' über Nullpegel.
Ende 11,65' „ „
Länge 256' 7,36 ☐' Querschnitt 0,958 % Gefäll 8,5' i. D. u. b. Pfl.

Augustinergasse.

Anfang 11,65' über Nullpegel.
Mitte 11,65' „ „
Ende 9,17' u. 8,27 über Nullpegel.
Länge 353' 7,36 ☐' Querschnitt 0,958 % Gefäll 9,5' i. D. u. b. Pfl.
„ 367' 7,36 ☐' Querschnitt 0,675 % Gefäll 8,5' i. D. u. b. Pfl.

Gothengasse.
Anfang 9,17' über Nullpegel.
Ende 7,00'   „   „
Länge 233' 7,36 ☐' Querschnitt 0,958 % Gefäll 9,0' i. D. u. b. Pfl.

Rittergasse Nro. 326—341.
Anfang 7,00' über Nullpegel.
Ende 6,19'   „   „
Länge 209' 7,36 ☐' Querschnitt 0,453 % Gefäll 9,0' i. D. u. b. Pfl.

Rittergasse.
Anfang 11,02' über Nullpegel.
Ende 5,66'   „   „
Länge 165' 5,95 ☐' Querschnitt 2,927 % Gefäll 7,0' i. D. u. b. Pfl.
  „   78' 7,36 ☐'   „   0,875 %   „   7,0' i. D. u. b. Pfl.

Kettengasse bis Residenzplatz.
Anfang 33,63' u. 28,36' über Nullpegel.
Ende 27,46'   „   „
Länge 782' 7,36 ☐' Querschnitt 0,781 % Gefäll 11,5' i. D. u. b. Pfl.
  „ 301' 7,36 ☐'   „   0,3 % Gefäll 9,0' i. D. u. b. Pfl.

Pfarrgasse.
Anfang 26,75' über Nullpegel.
Ende 24,93' u. 24,74' über Nullpegel.
Länge 250' 7,36 ☐' ⎫
  „ 400' 5,95 ☐' ⎬ Querschnitt 0,3 % Gefäll 8,5' i. D. u. b. Pfl.
  „ 330' 5,95 ☐' Querschnitt 0,551 %   „   10' i. D. u. b. Pfl.

Schüttgasse.
Anfang 30,84' über Nullpegel.
Ende 25,94'   „   „
Länge 268' 5,95 ☐' Querschnitt 1,79 % Gefäll 9,5' i. D. u. b. Pfl.

Ebracher- und Rothscheibengasse.
Anfang 29,74' über Nullpegel.
Ende 24,46'   „   „
Länge 234' 5,95 ☐' Querschnitt 0,594 % Gefäll 4,0' i. D. u. b. Pfl.
  „ 516' 7,36 ☐'   „   0,3 % Gefäll 6,5' i. D. u. b. Pfl.

Verbindungsstraße der Ketten- und Pfarrgasse.
Anfang 27,46' über Nullpegel.
Ende 26,75'   „   „
Länge 236' 7,36 ☐' Querschnitt 0,3 % Gefäll 7,5' i. D. u. b. Pfl.

Parabeplatz.

Anfang 24,46' über Nullpegel.
Ende   23,26'   „   „
Länge 400' 7,36 ☐' Querschnitt 0,3 % Gefäll 11,0' i. D. u. b. Pfl.

Schulgasse Nro. 82—63.

Anfang 24,46' u. 20,12' über Nullpegel
Ende   16,57'   „   „
Länge 410' 5,95 ☐' Querschnitt 0,866 % Gefäll 13' i. D. u. b. Pfl.
  „   246' 9,95 ☐'   „   3,38 %   „   12' i. D. u. b. Pfl.

Plattnersgasse.

Anfang 16,57' über Nullpegel.
Ende   11,91'   „   „
Länge 537' 5,95 ☐' Querschnitt 0,866 % Gefäll 14,5' i. D. u. b. Pfl.

Sterngasse.

Anfang 14,38' über Nullpegel.
Ende   9,32'   „   „
Länge 558' 5,95 ☐' Durchmesser 0,907 % Gefäll 12,5' i. D. u. b. Pfl.

Franziskanergasse.

Anfang 16,96' über Nullpegel.
Ende   12,58' u. 13,85 über Nullpegel.
Länge 434' 0,916 %   ⎫
  „   166' 1,335 %   ⎬ Gefäll 5,95 ☐' Querschnitt, 11,0' i. D. u. b. Pfl.
  „   248' 0,871 %   ⎭

Wohlfahrtsgasse und Vierröhren-Platz.

Anfang 14,74' über Nullpegel.
Ende   6,75'   „   „
Länge 464' 5,95 ☐' Querschnitt 1,335 % Gefäll 12,0' i. D. u. b. Pfl.
  „   236' 7,36 ☐'   „   0,75 % Gefäll 11' i. D. u. b. Pfl.

Vierröhrenbrunnenplatz.

Anfang 8,25' über Nullpegel.
Ende   6,72'   „   „
Länge 107' 5,95 ☐' Querschnitt 1,43 % Gefäll 12,0' i. D. u. b. Pfl.

Untere Bocksgasse.

Anfang 11,65' über Nullpegel.
Ende   5,48'   „   „
Länge 244' 5,95 ☐' Querschnitt 2,53 % Gefäll 7,0' i. D. u. b. Pfl.

Schwanenhöschen.
Anfang 9,99' über Nullpegel.
Ende 5,28' „   „
Länge 247' 5,95 □' Querschnitt 1,907 % Gefäll 10' i. D. u. b. Pfl.
Glockengasse.
Anfang 6,90' über Nullpegel.
Mitte 6,72' „   „
Ende 5,10' „   „
Länge 236' 5,95 □' Querschnitt 0,764 % Gefäll 11,0' i. D. u. b. Pfl.
  „   110' 5,95 □'   „   0,688 %   „   11,0' i. D. u. b. Pfl.
Glockengasse.
Anfang 6,72' über Nullpegel.
Ende 4,99' „   „
Länge 143' 5,95 □' Querschnitt 1,21 % Gefäll 11,0' i. D. u. b. Pfl.

V. Spühlsystem.
Das Spühlsystem des IV. Stadtbistriktes.
Stephansgasse.
Anfang 28,09' über Nullpegel.
Ende 24,02' „   „
Länge 600' 7,36 □' Querschnitt 0,678 % Gefäll 12,5' i. D. u. b. Pfl.
Petersplatz.
Anfang 24,02' über Nullpegel.
Ende 22,43' „   „
Länge 240' 7,36 □' Querschnitt, 0,678 % Gefäll 14,0' i. D. u. b. Pfl.
Münzgasse.
Anfang 22,43' über Nullpegel.
Ende 19,04' „   „
Länge 564' 7,36 □' Querschnitt 0,678 % Gefäll 10' i. D. u. b. Pfl.
Rothe Löwengasse.
Anfang 19,04' über Nullpegel.
Ende 16,65' „   „
Länge 352' 7,36 □' Querschnitt 0,678 % Gefäll 8,0' i. D. u. b. Pfl.
Sandergasse.
Anfang 16,65' über Nullpegel.
Ende 10,67' „   „
Länge 860' 7,36 □' Querschnitt 0,64 % Gefäll 8,5' i. D. u. b. Pfl.
Johanniterplatz.
Anfang 10,67' über Nullpegel.

Ende 8,97' über Nullpegel.
Länge 240' 7,36. □' Querschnitt 0,70 % Gefäll 9,0' i. D. u. b. Pfl.

Hörleinsgasse.

Anfang 24,02' über Nullpegel.
Ende 20,24'   „   „
Länge 344' 5,95 □' Querschnitt 1,09 % Gefäll 10' i. D. u. b. Pfl.

Peters- und obere Johannitergasse.

Anfang 22,43' über Nullpegel.
Ende 10,40'   „   „
Länge 734' 5,95 □' Querschnitt 1,63 % Gefäll 10,5' i. D. u. b. Pfl.

Brunnengasse.

Anfang 16,66' über Nullpegel.
Ende 14,99'   „   „
Länge 170' 5,95 □' Querschnitt 0,983 % Gefäll 11,0' i. D. u. b. Pfl.

Zwinger.

Anfang 28,09' über Nullpegel.
Ende 19,04'   „   „
Länge 425' 7,36 □' Querschnitt 0,05 % Gefäll 14,0' i. D. u. b. Pfl.
  „   998' 5,95 □'   „   0,883 % Gefäll 15,0' i. D. u. b. Pfl.

Peterspfarrgasse.

Anfang 24,02' über Nullpegel.
Ende 19,81'   „   „
Länge 612' 5,95 □' Querschnitt 0,68 % Gefäll 12,0' i. D. u. b. Pfl.

Babersgasse.

Anfang 21,39' über Nullpegel.
Ende 15,40'   „   „
Länge 446' 5,95 □' Querschnitt 1,28 % Gefäll 10,0' i. D. u. b. Pfl.

Maiersgasse.

Anfang 19,75' über Nullpegel.
Ende 16,81'   „   „
Länge 238' 5,95 □' Querschnitt 1,23 % Gefäll 10,0' i. D. u. b. Pfl.

Elephantengasse.

Anfang 20,51' über Nullpegel.
Ende 13,23'   „   „
Länge 383' 5,95 □' Querschnitt 1,75 % Gefäll 10,5' i. D. u. b. Pfl.

Bergmeisterhöfchen.

Anfang 17,60' über Nullpegel.
Ende 16,66'   „   „
Länge 368' 5,95 □' Querschnitt 0,26 % Gefäll 10,0' i. D. u. b. Pfl.

Obere Kaserngasse.

Anfang 16,0' über Nullpegel.
Ende   6,34'   "   "
Länge 1732' 7,36 ☐' Querschnitt 0,678 % Gefäll 9,0' i. D. u. b. Pfl.
  "   78' 7,36 ☐' Querschnitt 0,143 % Gefäll 10,0' i. D. u. b. Pfl.

Hintere Johannitergasse.

Anfang 10,67' über Nullpegel.
Ende   6,34'   "   "
Länge 600' 5,95 ☐' Querschnitt 0,72 % Gefäll 7,0' i. D. u. b. Pfl.

Reibeltsgasse.

Anfang 12,03' über Nullpegel.
Ende   6,83'   "   "
Länge 585' 5,95 ☐' Querschnitt 0,888 % Gefäll 10' i. D. u. b. Pfl.

Rosengasse.

Anfang 13'23' über Nullpegel.
Mitte   11,57'   "   "
Ende   8,52'   "   "
Länge 462' 7,36 ☐' Querschnitt 0,662 % Gefäll 9,5' i. D. u. b. Pfl.
  "   160' 5,95 ☐' Querschnitt 1,20 % Gefäll 10,0' i. D. u. b. Pfl.

Korngasse.

Anfang 12,89' über Nullpegel.
Ende   9,62'   "   "
Länge 462' 5,95 ☐' Querschnitt 0,708 % Gefäll 8,5' i. D. u. b. Pfl.

Reurergasse.

Anfang 14,36' über Nullpegel.
Ende   11,57'   "   "
Länge 424' 7,36 ☐' Querschnitt 0,662 % Gefäll 9,0' i. D. u. b. Pfl.

§ 14. Kanalisirung der außerhalb der Festungswerke gelegenen Stadttheile.

Für die nördliche Stadterweiterung ist bereits ein detailirter Kanalisirungs-Plan aufgestellt und bildet derselbe einen Theil des Projektes über die Entfestigung der Stadt.

Auch hier soll das Schwemm-System zur Durchführung kommen. Das Kanal-System steht für den oberen Theil mit der Kürnach, für den unteren Theil mit der Pleichach am Smolensker Wehr in Verbindung. Die letztgenannte Verbindung hat den Zweck, bei starken Wasserständen der Pleichach deren Ueberfließen in das Kanalsystem zu ermöglichen, damit anhaltende Spühlungen eintreten. Solche besondere Maßnahmen sind deshalb geboten, weil das Quellengebiet der Stadt Würzburg von diesem Kanal-System berührt wird.

Für die Stadterweiterung auf der Süd-Seite kann das Schwemm-System mit Wasser-Zuleitung von Aussen nicht durchgeführt werden, vielmehr wird dasselbe System, welches für das Mainviertel in Vorschlag gebracht ist, eingehalten werden müssen.

Den Sammelkanal für diese Kanalisirung wird der im Stadtgraben befindliche, seiner Zeit zu überwölbende Graben-Ausfluß des Hofpromenade-Kanales zu bilden haben.

Der Graben hat an seinem Anfang die Höhenlage von 14,57 über 0' Pegel, an seiner Ausmündung 7,00 über 0' Pegel bei einer Länge von 2400 Fuß. Die Gefälls-Verhältnisse des zu entwässernden Terrains sind ausserdem so günstig, daß eine besondere kräftige Spühlung entbehrt werden kann. Uebrigens werden periodisch kräftige Spühlungen durch das vom Gras- und Armensünderweg beigeführte Himmelwasser eintreten. Das relative Gefäll für diesen Stadttheil beträgt $2^1/_2$ Prozent.

§ 15. Kosten der Anlage.

In der Beilage IX. sind die Kosten für die verschiedenen Kanaldetails berechnet. Hiernach kostet

1. der laufende Fuß der III. Kanalklasse
   - a. in Quadern   10 fl. $17^9/_{10}$ kr.
   - b. in Backsteinen   8 fl. $55^1/_{10}$ kr.
   - c. in Felsen mit Cementdichtung   6 fl. $51^{63}/_{100}$ kr.
2. der laufende Fuß der II. Kanalklasse
   - a. in Quadern   6 fl. $7^3/_{10}$ kr.
   - b. in Backsteinen   5 fl. $6^4/_{10}$ kr.
   - c. in Felsen mit Cementdichtung   4 fl. $1^3/_{10}$ kr.
3. der laufende Fuß der I. Kanalklasse
   - a. in Quadern   4 fl. $18^2/_{10}$ kr.
   - b. in Backsteinen   4 fl. $9^1/_{10}$ kr.
   - c. in Felsen mit Cementdichtung   3 fl. $9^1/_{10}$ kr.
4. ein Lampenloch   23 fl. 15 kr.
5. ein Einsteigloch   97 fl. 30 kr.

Wird die Quaderausführung zu Grunde gelegt, so kostet die Anlage in der in der Anlage X. beschriebenen Ausdehnung nach Anlage 4 IX. Seite   420,169 fl. 15 kr., hiezu sind aber noch beizurechnen

 a. für zwei Reservoirs im Mainviertel 5000 fl. — kr.

 b. für Aenderungen an den alten Kanälen, Einläufen, Privatzuleitungen, insoweit es sich um den Anschluß an den Hauptkanal handelt, für Schutz der Gas= und Wasser= leitung während der Ausführung approxi= mativ 6% der Anlagekosten, 25,000 fl. — kr.,

 c. für Entschädigungen, Zupflasterungen der Baugruben, Bauaufsicht und unvorherge= sehene Fälle 49,830 fl. 45 kr.

Mit Einrechnung dieser Beträge kostet die Aus= führung totaliter 500,000 fl. — kr.

Die Ausführung wird zwar voraussichtlich weniger kosten, weil auf Herstellung von Kanälen im Felsenaushub keine Rücksicht ge= nommen ist.

Hierüber kann aber etwas Bestimmtes erst dann angegeben werden, wenn genaue Terrain=Untersuchungen vorgenommen sind.

Da es sich zunächst nur um Feststellung des für die künftige Ka= nalisirung festzusetzenden Prinzipes handelt, so dürften für die Beur= theilung der vorwürfigen Frage die gemachten Angaben genügen.

Sache der Detailprojektion wird es werden, genaue auf Terrain= Untersuchung basirte Berechnungen aufzustellen, wenn nach Festsetzung des Systems mit der Ausführung vorgegangen werden soll.

§ 16.

Die Beantwortung der Frage, innerhalb welcher Zeit die Durch= führung der Bauten erfolgen soll, wird davon abhängen, ob nach An= sicht der Aerzte die hiesigen Kanalverhältnisse ohne besondere Gefahr für die Salubrität der Stadt noch länger geduldet werden können, oder ob ein kräftiges Einschreiten geboten ist.

Wird eine successive Ausführung als zulässig erkannt, so ist vom bautechnischen Standpunkte aus nur die Bemerkung beizufügen, daß man als längste Bauperiode 18 Jahre annehmen muß.

Es sind 7 Spülsysteme herzustellen. Die zwei ersten im Mainvier= tel könnten in 3 Jahren ausgeführt werden, die Vollendung der übrigen hat in 15 Jahren zu geschehen. Es würde in je 3 Jahren ein Spühl=

system fertig und ein solcher Baubetrieb würde die systematische Durchführung der einzelnen Spühlsysteme sichern.

Die Vorschläge im Vorstehenden sind bei der Wichtigkeit der Sache für die Gesundheit und die Finanzen der Stadt, ferner bei der Schwierigkeit der einschlägigen Fragen nicht als endgültig zu betrachten; es muß vielmehr sehr gewünscht werden, dieselben einer weiteren eingehenden Prüfung in sanitätlicher, bautechnischer und administrativer Beziehung unterstellt zu sehen.